Paz em meio à tempestade

Bill & Beni Johnson

Reflexões para tempos difíceis

Vida

Editora Vida
Rua Conde de Sarzedas, 246 – Liberdade
CEP 01512-070 – São Paulo, SP
Tel.: 0 xx 11 2618 7000
atendimento@editoravida.com.br
www.editoravida.com.br
@editora_vida /editoravida

PAZ EM MEIO À TEMPESTADE

Originalmente publicado nos EUA com o título
Peace in every storm: Declarations & meditations for difficult times
Edição brasileira © 2024, Editora Vida
Publicação com permissão contratual da
BroadStreet Publishing Group, LLC
(Savage, Minnesota, USA).

■

Todas as citações bíblicas e de terceiros foram adaptadas segundo o Acordo Ortográfico da Língua Portuguesa, assinado em 1990, em vigor desde janeiro de 2009.

■

As opiniões expressas nesta obra refletem o ponto de vista de seus autores e não são necessariamente equivalentes às da Editora Vida ou de sua equipe editorial.

Todos os grifos são do autor, exceto indicação em contrário.

Editora-chefe: Sarah Lucchini
Tradução: Gabriele Greggersen
Revisão de tradução: Judson Canto
Revisão de provas: Paulo Oliveira
Coordenadora de design gráfico: Claudia Lino
Projeto gráfico, diagramação e capa (adaptação): Willians Rentz

1. edição: set. 2024

Dados Internacionais de Catalogação na Publicação (CIP)
(Câmara Brasileira do Livro, SP, Brasil)

Johnson, Beni
Paz em meio à tempestade : reflexões para tempos difíceis / Beni Johnson, Bill Johnson ; tradução Gabriele Greggersen. – 1. ed. – São Paulo : Editora Vida, 2024.

Título original: *Peace in every storm : declarations & meditations for difficult times.*
ISBN 978-65-5584-540-2

1. Bíblia - Citações 2. Literatura devocional 3. Reflexões I. Johnson, Bill. II. Título.

24-219872 CDD-248.4

Índice para catálogo sistemático:
1. Reflexões : Vida cristã : Cristianismo 248.4
Tábata Alves da Silva - Bibliotecária - CRB-8/9253

Esta obra foi composta em *Rotis SemiSans Std* e impressa por Gráfica Expressão e Arte sobre papel *Offset* 90 g/m² para Editora Vida.

Quando você enfrenta uma tempestade, é natural que se sinta oprimido. Ao ler estas páginas, nossa oração é que você encontre refúgio na bondade de Deus, em sua fidelidade e em sua proteção, independentemente das circunstâncias. Deus está com você. Ele é por você. Ele não se intimida com o tamanho das ondas que o cercam nem com os ventos uivantes que ameaçam sacudi-lo.

Os Salmos dizem: "Olha, ó Deus, que és nosso escudo" (84.9a). E Jesus prometeu que seu Espírito nos traria conforto e verdade. Foi-nos dada sua paz — uma paz que ultrapassa nossa capacidade de entender — para proteger nosso coração e nossa mente (v. Filipenses 4.7).

Ao ler estas contribuições e meditar nas Escrituras, faça com que a voz de Deus se torne preponderante no recinto. Refugie-se em sua força. Tenha a certeza de que já recebeu a graça da vitória em tudo que está enfrentando. Deus está lutando as suas batalhas. Você é um filho amado, e ele é eternamente digno de sua confiança.

Bill e Beni Johnson

A PALAVRA FINAL

Eu disse essas coisas para que em mim vocês tenham paz. Neste mundo vocês terão aflições; contudo, tenham ânimo! Eu venci o mundo.

João 16.33

O capítulo final já foi escrito, e nós vencemos!

Não há vitória permanente para o Demônio. Jamais! Imagine a reação de Satanás ao pensar que havia conquistado uma vitória final quando o Messias foi crucificado e perceber três dias depois o problema em que havia se metido! Algumas coisas estão garantidas para você. A primeira é que todas as experiências que você teve com o devorador — aquele que mata, rouba e destrói — serão trabalhadas em seu benefício (v. Romanos 8.28). Deus planejou seu sofrimento? Não. Não foi ideia dele, mas ele é tão grande que se sairá vitorioso, seja qual for a circunstância. Ele assume qualquer situação aflitiva que surge em nossa vida e a transforma em bênção.

A segunda é a seguinte: nosso Deus é um Deus vingador (v. Salmos 94.1). Não há tal coisa como o Diabo ter a palavra final, seja lá no que for. Esse monstro será silenciado e, acredite, haverá desforra absoluta para cada momento de enfermidade, aflição, tormento, dor e tentação pelo qual você já tenha passado.

Deus virá em juízo (v. Malaquias 3.5) não para nos condenar, mas para julgar os poderes do inferno. Haverá vingança. Mesmo que você não veja tudo isso acontecendo aqui e agora, apenas um fino véu separa este mundo da eternidade. Você terá o prazer de ver Deus reparar todas as perdas que você já experimentou.

Por fim, lemos em Romanos 8.18: "Considero que os nossos sofrimentos atuais não podem ser comparados com a glória que em nós será revelada". Eles não são dignos de comparação. Seja qual for a dificuldade que você tenha enfrentado ou esteja enfrentando no momento, ela não pode ser comparada com a glória que será revelada em você, sobre você e por meio de você. Como diz Bob Mumford: "Li o último capítulo, e nós vencemos".

Quando [...] o que é corruptível se revestir de incorruptibilidade e o que é mortal de imortalidade, então se cumprirá a palavra que está escrita: "A morte foi destruída pela vitória".

1Coríntios 15.54

Você já viu Deus compensar situações em sua vida no passado? Faça uma lista delas, sempre lembrando da fidelidade dele. Se você tivesse de escrever um capítulo final para sua vida, cheio de confirmações da ação de Deus, como ele seria?

REDUZIDOS À FORÇA

E o SENHOR disse a Gideão: "Você tem gente demais, para eu entregar Midiã nas suas mãos. A fim de que Israel não se orgulhe contra mim, dizendo que a sua própria força o libertou [...]".

JUÍZES 7.2

Deus nos reduz ao nosso nível de força.

Gideão foi incumbido de uma missão pelo Senhor. Ele deveria sair de seu esconderijo e liderar o exército de Israel na batalha contra os midianitas. Deus trouxe um exército até ele, mas quase imediatamente começou a enviar os homens de volta para casa. A força de Gideão não viria do número de suas tropas. Muitas vezes, Deus corta nossas asinhas e nos reduz a um nível de força e saúde que nos faça depender dele. Isso não é nada agradável, mas nosso conforto não é absolutamente sua maior preocupação.

Israel tinha 32 mil soldados. Com esse contingente, eles poderiam ter levado o crédito pela vitória que Deus lhes daria.

Deus então reduziu o exército a apenas 300 homens. Primeiramente, mandou para casa os 22 mil guerreiros que estavam com medo. O medo torna as pessoas instáveis e mais propensas a tomar a glória para si. Deus é zeloso de sua glória, e o medo desvia a atenção da grandeza de Deus para a capacidade humana.

Restaram apenas dez mil homens, e Deus submeteu-os a outro teste: só selecionaria os homens que bebessem água de uma forma específica. Seria muito bom se toda vez que Deus nos fizesse passar por um teste soubéssemos o objetivo. Se o rei que cravou apenas três flechas no chão soubesse qual era o objetivo de Deus ao testá-lo, provavelmente teria acertado o solo um milhão de vezes (v. 2Reis 13.18).

Mas Deus não faz isso. Ele nos põe no meio de uma prova e testa aquilo que não podemos dissimular — o caráter. Dos dez mil que foram até a água, 9.700 beberam diretamente do rio e 300 levaram a água até boca, em atitude alerta. Deus escolheu os últimos.

O Senhor poderia ter vencido aquela batalha sozinho, sem nenhum exército, portanto não estava demonstrando que poderia ser vitorioso com apenas alguns homens. Ele estava mostrando que obteria a vitória, independentemente do número de homens, apenas com aqueles que não tinham medo e se mantinham vigilantes. Agora o exército de Gideão estava pronto. Deus os havia reduzido ao seu nível de força.

> Mas ele me disse: "Minha graça é suficiente para você, pois o meu poder se aperfeiçoa na fraqueza". Portanto, eu me gloriarei ainda mais alegremente em minhas fraquezas, para que o poder de Cristo repouse em mim. Por isso, por amor de Cristo, regozijo-me nas fraquezas, nos insultos, nas necessidades, nas perseguições, nas angústias. Pois, quando sou fraco, é que sou forte.
>
> 2Coríntios 12.9-10

De que forma você já experimentou ser diminuído por Deus? Como isso o levou a depender ainda mais do poder divino?

A PAZ É UMA PESSOA

Deixo-vos a paz; a minha paz vos dou. Não vo-la dou como o mundo a dá. Não permitais que vosso coração se preocupe, nem vos deixeis amedrontar.

João 14.27 (KJA)

A paz de Deus prevalece em todas as situações de nossa vida, porque a Pessoa da Paz vive dentro de mim.

Se observarmos as circunstâncias ao nosso redor – políticas, econômicas, sociais –, constataremos que o Inimigo conseguiu levantar vozes que representam acima de tudo a desesperança. Não é preciso muito. Basta ligar no noticiário para ouvir imediatamente sobre tudo que está errado no mundo. É difícil encontrar uma voz de esperança e fácil encontrar o desespero. Alguns dão a isso um nome diferente, como discernimento, realismo ou inteligência. Mas, seja qual for o nome que se dê, o desalento não faz parte do Reino de Deus. Sua intenção para este mundo é enchê-lo com sua presença. Os anjos declararam: "Glória a Deus nas alturas, e paz na terra aos homens aos quais ele concede o seu favor" (Lucas 2.14). Essa é a vontade de Deus.

A paz é a substância predominante da atmosfera do Céu, e Deus nos deu seu *shalom* – tudo que se alinha com ele – como nossa herança. A paz não é a ausência de algo. Não é a ausência de guerra, de medo ou de turbulência. A verdadeira paz é a presença de alguém. É o Príncipe da Paz que esmaga os poderes das trevas sob nossos pés quando somos permeados por ele. É a própria paz que se oferece como o Consolador, para que nunca tenhamos medo. Foi pela paz que Deus nos deu seu Filho, para que pudéssemos saborear a eternidade. Então como, sabendo disso, poderíamos escolher uma vida sem esperança?

Embora possamos olhar para as circunstâncias do mundo e nos sentir oprimidos, não estamos aqui para proclamar a vitória do Inimigo, mas para anunciar sua derrota. O mesmo Espírito que ressuscitou Cristo dentre os mortos habita em nós. A falta de esperança foi derrotada. Sua paz – aquela que nos toca o espírito, a alma e o corpo – vence toda oposição. A paz de Deus prevalece sobre todas as situações de nossa vida, porque a Pessoa da Paz vive dentro de nós.

O próprio Senhor da paz dê a vocês
a paz em todo o tempo e de todas as formas.
O Senhor seja com todos vocês.

2Tessalonicenses 3.16

Em que setores do mundo você vê a maior necessidade de que a Pessoa da Paz intervenha? Liste alguns dos livramentos que resultariam da invasão do Céu nessas situações.

Amor *versus* medo

Por isso não tema, pois estou com você;
não tenha medo, pois sou o seu Deus.
Eu o fortalecerei e o ajudarei; eu o segurarei
com a minha mão direita vitoriosa.

Isaías 41.10

O que tememos influenciará
o que adoramos, e o que adoramos será
provado por aquilo em que confiamos.

"Não tema" é o mandamento repetido com mais frequência que qualquer outro nas Escrituras. Ao repetir o mandamento tantas vezes, o Senhor revela a principal tática que o Inimigo usa para nos afastar de nossa fonte de vida. O Diabo não pode nos separar de Deus — ele não é tão poderoso assim. Contudo, ele pode tentar nos fazer sair da linha com nosso Criador. Como um braço deslocado, desprovido de mobilidade, podemos nos tornar desarticulados, não mais funcionando de acordo com nossa pretensa autoridade. E é o medo que faz isso.

O medo é um acordo com o Inimigo. Sempre que acreditamos em uma mentira, damos poder ao Mentiroso. Não queremos nos tornar focados no Diabo, mas, como Paulo escreve aos coríntios, não podemos ignorar "suas intenções" (2Coríntios 2.11b). Quando o Senhor diz: "Não tema", ele nunca está tentando nos envergonhar ou nos expor. Em vez disso, está nos dizendo que a graça para vencer o medo está ao nosso alcance. Ele está nos propondo uma parceria. Quando dá ordens, ele nos capacita a fazer o que antes não podíamos. Essa é a natureza fortalecedora da graça.

Há graça para lidarmos com tudo que vier contra nós. Sentir medo não é pecado, mas fazer parceria com ele — abraçar o medo como se fosse a verdade — é uma violação do desígnio de Deus. Isso não significa que ignoramos a realidade de nossa situação. Significa que, em meio às circunstâncias, reconhecemos uma realidade mais elevada. Jesus já cuidou de todos os problemas que poderíamos enfrentar. Agora caminhamos em sua vitória, alinhando nossa mente com a dele. O que tememos influenciará o que adoramos, e o que adoramos será provado por aquilo em que confiamos.

Não se preocupem com nada, mas em todas as orações peçam a Deus o que vocês precisam e orem sempre com o coração agradecido. E a paz de Deus, que ninguém consegue entender, guardará o coração e a mente de vocês, pois vocês estão unidos com Cristo Jesus.

Filipenses 4.6-7 (NTLH)

O medo já tentou desconectá-lo da bondade, do poder e da visão de Deus para sua vida? Tire um tempo para se lembrar de que Deus é maior que qualquer cortina de fumaça de medo que o Inimigo possa levantar diante de seu destino. Você tem um destino poderoso e um chamado em sua vida.

ORAÇÕES DE AUTORIDADE

Em breve o Deus da paz esmagará Satanás
debaixo dos pés de vocês.

ROMANOS 16.20

*Só podemos liberar paz
em uma tempestade durante a qual
sejamos capazes de dormir.*

Jesus e os discípulos entraram em um barco para atravessar o mar da Galileia. Durante o trajeto, depararam com uma tempestade tão forte que os discípulos pensaram que poderiam morrer. Aterrorizados, foram acordar Jesus, o Filho de Deus, e imploraram que ele fizesse algo para salvá-los. Eles clamaram da mesma forma que muitos de nós oramos no meio de uma crise: "Mestre, não te importas que morramos?" (Marcos 4.38b). Mas Jesus os repreendeu por sua falta de fé.

O que eles não perceberam foi que, se Jesus estava dormindo em seu barco, havia um propósito divino, independentemente da força da tempestade. Ele estava dormindo porque sua vida partia do Reino dos Céus para a Terra. E em seu Reino não há turbulência. Depois que os discípulos clamaram a ele, Jesus acordou e ordenou que o vento e as ondas se acalmassem. Ele repreendeu o vento e declarou paz sobre as ondas. O caos cessou imediatamente.

Muitos teriam ficado na proa do barco repreendendo a tempestade, mas sem sucesso, porque estavam ministrando por medo. Jesus, porém, podia infundir a paz porque vivia *em* paz. A paz é um movimento militar que domina e subjuga o Demônio. O *shalom* do Céu debela todo o caos.

Jesus dormiu durante a tempestade porque era um cidadão do Céu, assim como nós. Às vezes, imaginamos que, ao orar, estamos tentando fazer com que Deus intervenha. De fato, Deus está procurando pessoas que usem a autoridade que lhes foi dada. Mas, em vez de buscar a Deus tentando fazer com que ele intervenha nas nossas circunstâncias, devemos orar com ousadia, fundamentados em suas promessas. Se conseguirmos ver nossa situação pela perspectiva do Céu, teremos autoridade e unção para resolver o problema. Só podemos liberar paz em uma tempestade durante a qual sejamos capazes de dormir.

Porque a fé que vocês têm é pequena. Eu asseguro que, se vocês tiverem fé do tamanho de um grão de mostarda, poderão dizer a este monte: "Vá daqui para lá", e ele irá. Nada será impossível para vocês.

Mateus 17.20

Que tempestades em sua vida estão tentando distraí-lo do propósito de Deus para ela? Como você poderia se reconectar com a paz do Céu para orar com autoridade?

NEGANDO A INFLUÊNCIA

Pois eu sou o SENHOR, o seu Deus, que o segura pela mão direita e diz a você: Não tema; eu o ajudarei.

ISAÍAS 41.13

A fé não nega a existência de um problema: nega-lhe o poder de influência.

Às vezes, aqueles de nós que trabalham arduamente para desenvolver uma cultura de fé podem, sem querer, começar a viver em negação. Podemos fingir que certos problemas ou desafios não existem. Mas não é uma maneira saudável de viver, pois não desenvolve nossa capacidade de lidar com o que acontece dentro de nós e ao nosso redor.

Se examinarmos um problema com profundidade e honestidade, poderemos entendê-lo melhor e saber o que precisa ser mudado. Mas não para por aí. Devemos em seguida ouvir o que Deus está dizendo e analisar o que ele nos disse nos últimos meses, a fim de encontrar as ferramentas ou a percepção que ele nos deu e assim resolver o problema.

Deus nunca nos põe em situações para as quais estejamos despreparados. Podemos até achar que estamos, mas se não nos deixarmos intimidar com o tamanho do problema e começarmos a examinar nossa história com Deus, veremos que Deus nos capacitou para qualquer situação em que nos encontrarmos.

O medo nos faz esquecer as ferramentas que Deus colocou em nosso poder. Quando conseguimos nos desvencilhar do medo e nos lembramos de quem Deus é, recusamo-nos a permitir que o problema influencie nosso pensamento, nossas emoções e nossos sistemas de valores. Se formos bem-sucedidos nesse ponto, começaremos a descobrir as ferramentas que Deus já pôs em nossa vida — as revelações, as promessas e as instruções que nos levarão às fases de superação que desejamos.

Não precisamos ter medo, porque ele viu o fim desde o início (v. Isaías 46.10). Ele tem todas as soluções. Seja qual for o problema que estejamos enfrentando, Deus não nos deixa desprevenidos. Ele sabe de antemão o que está vindo em nossa direção e nos prepara para enfrentar e vencer o problema. Ele nos criou para sermos uma comunidade de cristãos vitoriosos — essa é nossa natureza em Deus. Confiar nele é o que nos define. A fé não nega a existência de um problema: nega-lhe o poder de influência.

> Confie no SENHOR de todo o seu coração e não se apoie em seu próprio entendimento; reconheça o SENHOR em todos os seus caminhos, e ele endireitará as suas veredas [removendo os obstáculos que bloqueiam a passagem].
>
> PROVÉRBIOS 3.5-6

Que problema você está enfrentando e que precisa da sabedoria de Deus para resolver? Faça uma retrospectiva do último ano que você passou com Deus. Com o que ele o equipou e que você agora pode usar para enfrentar esse problema?

Fé em tempos de crise

Ora, a fé é a certeza daquilo que esperamos e a prova das coisas que não vemos. Pois foi por meio dela que os antigos receberam bom testemunho. Pela fé entendemos que o universo foi formado pela palavra de Deus, de modo que aquilo que se vê não foi feito do que é visível.

Hebreus 11.1-3

Nossa fé nos ajudará a superar a crise.

O capítulo 11 de Hebreus é às vezes chamado "*hall* da fama da fé". Muitos dos grandes homens e mulheres das Escrituras, indivíduos que fizeram muita coisa para Deus por meio de sua fé, são mencionados nesse capítulo. Abraão, Moisés e Sara estão listados. Mencionam-se a boca dos leões e outras façanhas incríveis. Não é uma lista completa, mas destaca o fato de que a fé é um tema central nas Escrituras e fundamental para nosso relacionamento com o Senhor. Ela revela um Deus movido por nossa fé.

Esse capítulo da Bíblia é uma declaração que perdurará através dos tempos para honrar todos os que viveram pela fé. Depois de listar nomes e várias façanhas para Deus, porém, o escritor de Hebreus muda o tom para falar dos problemas que a fé ajudou as pessoas a superar. No fim do capítulo, ele diz: "Uns foram torturados e recusaram ser libertados, para poderem alcançar uma ressurreição superior" (Hebreus 11.35b).

A fé que lhe permite impor as mãos sobre alguém e ver o câncer se dissolver é a mesma fé que o ajuda a permanecer forte em uma crise. Isso é muito importante, porque muitas vezes, no meio de uma crise, tendemos a examinar nossa fé e achá-la insuficiente. Na maioria das vezes, pensamos: "Não devo ter a mesma fé que fulano de tal".

Em meio a alguns dos mais surpreendentes exemplos de fé de toda a Bíblia, o autor apresenta pessoas que não tinham respostas imediatas para seus problemas, gente que tinha de viver, como nós, entre a promessa que Deus lhes fizera e o problema que ele ainda não havia resolvido. Vivendo na tensão entre a promessa e o milagre, eles foram mantidos em uma posição de humildade e dependência de Deus. E a fé deles será celebrada por toda a eternidade na Palavra de Deus. A fé ajudou-os a superar a crise.

Combati o bom combate,
terminei a corrida, guardei a fé.

2Timóteo 4.7

Às vezes, quando estamos no meio da tempestade, é um desafio ver nossas decisões tomadas pela fé da mesma forma que Deus as vê. Passe algum tempo com ele e pergunte-lhe como essa fase de sua vida é vista pela perspectiva dele. O que ele considera fé e você talvez não considere grande coisa?

A mente de Cristo

Contou-lhes [Jesus] ainda outra parábola: "O Reino dos céus é como o fermento que uma mulher tomou e misturou com uma grande quantidade de farinha, e toda a massa ficou fermentada".

Mateus 13.33

Nossa mente transformada transformará nossa vida; nossa vida transformada transformará nossa cidade.

A intenção do Senhor é mudar diariamente nossa percepção, para que vivamos com a mente de Cristo. As Escrituras afirmam que "temos a mente de Cristo" (1Coríntios 2.16b). Isso é absolutamente verdadeiro. Tudo foi comprado para nós, porém muita coisa em nossa conta como cristãos ainda não está em nossa posse. É possível morrer de fome com um milhão de dólares no banco. Precisamos sacar aquilo que ele depositou em nossa conta.

Aprender a fazer retiradas – por exemplo, reconhecer a verdade, agir de acordo com ela e agarrar-se às coisas que Deus tornou acessíveis a nós – é como essa aventura com ele se torna frutífera. É assim que mudamos o mundo para a glória dele. Deus não está meramente interessado em nos treinar para sermos pessoas boas em um mundo cheio de ira. Somos pessoas boas que carregam o fermento do Reino. Uma vez que o fermento seja incorporado à massa do mundo, jamais poderá ser removido.

Não se pode deixar a massa sem fermento. Tudo que ela precisa é de calor para se tornar pão fermentado. Da mesma forma, o calor das circunstâncias revela o tipo de fermento que colocamos na massa de nossa vida. Ou colocamos o fermento do Reino ou o fermento de nossas opiniões. Não podemos misturar ambos.

O Senhor deseja que nossa vida mental reflita a vida dele. Ele disse: "Não se amoldem ao padrão deste mundo, mas transformem-se pela renovação da sua mente, para que sejam capazes de experimentar e comprovar a boa, agradável e perfeita vontade de Deus" (Romanos 12.2). A transformação de cada pessoa equivale à transformação de seu pensamento – nem mais, nem menos.

Muitas vezes, tentamos usar os princípios cristãos para transformar nossa vida, local de trabalho, família, política, e assim por diante. Essas são metas dignas, mas se nossa mente não for renovada, não teremos autoridade para mudar o mundo ao nosso redor. Tudo começa com o alinhamento de nosso pensamento com o dele. Uma mente transformada transforma uma vida; uma vida transformada transforma uma cidade.

> Quanto à antiga maneira de viver, vocês foram ensinados a despir-se do velho homem, que se corrompe por desejos enganosos, a serem renovados no modo de pensar e a revestir-se do novo homem, criado para ser semelhante a Deus em justiça e em santidade provenientes da verdade.
>
> Efésios 4.22-24

Ao experimentar o calor de circunstâncias difíceis, o que você aprendeu sobre si mesmo? Como você viu o fermento do Reino evidenciar--se em sua vida e de que maneira o fermento do mundo tem sido revelado? Que maneiras de pensar você precisa entregar a Deus?

Meditação bíblica

Ninguém conseguirá resistir a você todos os dias da sua vida. Assim como estive com Moisés, estarei com você; nunca o deixarei, nunca o abandonarei. Seja forte e corajoso, porque você conduzirá este povo para herdar a terra que prometi sob juramento aos seus antepassados. Somente seja forte e muito corajoso! Tenha o cuidado de obedecer a toda a lei que o meu servo Moisés ordenou a você; não se desvie dela, nem para a direita nem para a esquerda, para que você seja bem-sucedido por onde quer que andar. Não deixe de falar as palavras deste Livro da Lei e de meditar nelas de dia e de noite, para que você cumpra fielmente tudo o que nele está escrito. Só então os seus caminhos prosperarão e você será bem-sucedido. Não fui eu que ordenei a você? Seja forte e corajoso! Não se apavore nem desanime, pois o Senhor, o seu Deus, estará com você por onde você andar.

Josué 1.5-9

A meditação bíblica é uma fonte permanente de saúde mental.

Essa passagem do livro de Josué oferece uma orientação das mais claras possíveis: seja forte e muito corajoso. Recebemos a ordem de ser corajosos, para que Deus faça com que nosso caminho seja próspero e bem-sucedido, mas o versículo não explica como obter essa coragem. No entanto, bem no fim, ele oferece uma instrução profunda que torna possível tudo o mais nos versículos anteriores: meditar na Palavra dia e noite. A meditação bíblica é uma das áreas mais negligenciadas da disciplina cristã.

Provavelmente, todos nós já tivemos a experiência de ficar ansiosos com alguma coisa, a ponto de ela ficar rondando nossa cabeça a noite toda, sem nos deixar dormir. É claro que sabemos meditar. Só precisamos mudar o objeto de nossa meditação.

Existe a meditação ocidental, que é um exercício intelectual, e a meditação oriental, em que o objetivo é esvaziar a mente. A meditação bíblica é diferente. Em hebraico, "meditação" significava repetir silenciosamente algo em um tom suave e monótono, enquanto se abandona qualquer distração externa. Há uma oração judaica, chamada *davening* em inglês, que consiste em recitar as Escrituras fazendo orações intensas ou em aprofundar-se na comunhão com Deus curvando-se ou balançando-se para frente e para trás. Se você já viu pessoas orando no Muro das Lamentações em Israel, sabe do que estou falando.

Somos encharcados todos os dias com palavras e bombardeados constantemente com os valores do mundo. A meditação é um encontro contínuo com Deus. É a experiência de controlar nossos pensamentos e emoções e alinhá-los com o que Deus está dizendo. Ao fazermos isso, começamos a assumir a própria forma do que Deus falou.

O sucesso de Josué como líder dependia do fato de ele não permitir que a Palavra de Deus deixasse sua boca, e tudo estava ligado a esta simples tarefa: meditação. Nosso coração, nossa mente e nossas emoções podem ser treinados na mente de Cristo por meio da meditação bíblica. É uma fonte permanente de saúde mental.

> Como é feliz aquele que não segue o conselho
> dos ímpios, não imita a conduta dos pecadores,
> nem se assenta na roda dos zombadores!
> Ao contrário, sua satisfação está na lei do
> Senhor, e nessa lei medita dia e noite.
> É como árvore plantada à beira de águas
> correntes: Dá fruto no tempo certo e suas folhas
> não murcham. Tudo o que ele faz prospera!
>
> Salmos 1.1-3

Quais seus versículos bíblicos favoritos que o encorajam e fortalecem? Você memorizou algum deles? Como ter esses versículos diante de si durante o dia para poder meditar na Palavra de Deus?

Fortaleça-se nele

Aqueles que esperam no Senhor
renovam as suas forças.
Voam alto como águias; correm e não
ficam exaustos, andam e não se cansam.

Isaías 40.31

Diante dos desafios, encontraremos a bondade de Deus e lhe daremos louvor.

Não é possível chegar ao destino planejado por Deus sem aprender a lidar com a decepção, a perda e a dor. Davi é um ótimo exemplo disso. Antes de se tornar rei, ele passou por uma série de rejeições e decepções intensas. Seria razoável pensar que, se um profeta aparecesse e ungisse você com óleo, ordenando-o como rei, sua vida mudaria rapidamente. Mas foram necessários entre dez e treze anos para que Davi se tornasse rei.

Na época, ele foi forçado a fugir de Saul para salvar a própria vida. Ele deixou Israel para viver com os filisteus. Tentou até lutar contra Israel, mas foi rejeitado pelos filisteus. E, para completar, voltou para casa com seus homens e a encontrou totalmente destruída. Os homens de Davi – párias que ele havia transformado em guerreiros – viram a perda de suas casas e famílias. Eles sentiram tanta dor e tristeza que conspiraram para matar Davi. Ele havia sido rejeitado por Saul, por Israel, pelos filisteus e agora era rejeitado pelos próprios homens, em quem havia investido sua vida. Esse foi o momento em que tudo em Davi foi testado.

As Escrituras dizem: "Davi, porém, fortaleceu-se no Senhor, o seu Deus" (1Samuel 30.6b). Na cena seguinte, ele se torna rei. Nosso destino geralmente se encontra do lado de lá do aprendizado sobre como ministrar a nós mesmos em meio à dor. Isso não é um convite à independência ou ao afastamento da comunidade espiritual. Trata-se de Deus nos ensinando a abraçar nosso destino e a nos fortalecer nele.

Nós nos fortalecemos lendo os Salmos até conseguirmos ouvir o clamor de nosso coração e sentir o amor do Senhor por nós. Afastamos todos os pensamentos que corroem nossa fé em Deus e então abraçamos sua Palavra, cantamos a respeito da verdade e declaramos suas promessas com relação às nossas circunstâncias. Nossa fonte de poder pessoal será encontrada quando, diante dos desafios, encontrarmos a bondade de Deus e lhe dermos louvor.

[Fomos regenerados] para uma herança que jamais poderá perecer, macular-se ou perder o seu valor. Herança guardada nos céus para vocês que, mediante a fé, são protegidos pelo poder de Deus até chegar a salvação prestes a ser revelada no último tempo. Nisso vocês exultam, ainda que agora, por um pouco de tempo, devam ser entristecidos por todo tipo de provação.

1Pedro 1.4-6

Ao enfrentar rejeição e decepção, de onde você conseguiu tirar forças? Reserve um tempo para louvar intencionalmente a Deus por sua bondade e fidelidade. Cite algumas ferramentas práticas que o ajudariam a se fortalecer no Senhor da próxima vez em que estiver sofrendo.

Fazendo o impossível

Está escrito: "Nem só de pão viverá o homem, mas de toda palavra que procede da boca de Deus".

MATEUS 4.4

A Palavra de Deus nos capacita a fazer o impossível.

Um dos aspectos fundamentais do Evangelho é que Deus nos ordena coisas que, na verdade, são impossíveis de serem feitas por nós. Ele diz: "Curem os enfermos, ressuscitem os mortos, purifiquem os leprosos, expulsem os demônios" (Mateus 10.8a). Não podemos fazer nenhuma dessas coisas. Mas quando ele nos mandar fazer o impossível, também nos capacita a fazer o que exigiu. A Lei exige; a graça de Deus capacita.

O anjo do Senhor apareceu a Maria para lhe dizer que ela daria à luz o menino Cristo. Quando ela perguntou como isso seria possível, o anjo respondeu: "Nada é impossível para Deus" (Lucas 1.37). Essa frase ilustra uma faceta do Evangelho muito importante para nós. Devemos ancorar nosso coração na Palavra de Deus, tanto no que diz nas Escrituras quanto no que ele destaca para nós com voz audível. Sua voz sempre será confirmada por sua Palavra escrita.

Jack Taylor explica o versículo de Lucas de forma fascinante. A palavra "nada" é composta pela palavra "não", mas também pela palavra "coisa"[1], que nesse caso é *rhema*. A palavra *rhema* é usada frequentemente com referência à palavra de Deus proferida pouco antes nas Escrituras. Significa então que "nenhuma Palavra de Deus dita há pouco será impossível de ser realizada". A palavra "impossível" é traduzida por "sem capacidade". Portanto, esse versículo pode ser traduzido da seguinte forma: "Nenhuma Palavra de Deus recém-proferida chegará a você sem que contenha a própria capacidade de ser realizada". Isso é incrível!

Tiago diz: "Aceitem humildemente a palavra implantada em vocês, a qual é poderosa para salvá-los" (Tiago 1.21b). Isso não se refere apenas ao momento da conversão — somos salvos, sim, mas também estamos sendo resgatados (v. 2Coríntios 3.18), e um dia seremos plenamente redimidos (v. 1Coríntios 15.51).

---

[1] No inglês, *nothing* (nada) é composta por *no* (não) e *thing* (coisa). [N. T.]

A Palavra de Deus implantada é capaz de nos salvar, transformar e capacitar a fazer o que normalmente não conseguiríamos fazer por conta própria. Sua Palavra nos capacita a fazer o impossível.

> [...] Cristo amou a igreja e entregou-se por ela para santificá-la, tendo-a purificado pelo lavar da água mediante a palavra [...].
>
> Efésios 5.25b-26

O que Deus tem destacado para você nas Escrituras? O que ele tem falado à sua vida recentemente? Como você poderia passar a crer que ele é capaz de cumprir o que promete? O que ele o está capacitando a fazer?

Continue sonhando

Peçam, e será dado; busquem, e encontrarão; batam, e a porta será aberta. Pois todo o que pede recebe; o que busca encontra; e àquele que bate, a porta será aberta.

Mateus 7.7-8

Deus quer mostrar ao mundo quem ele é por meio de nossos sonhos realizados.

Há muitos anos, alguns amigos nossos foram para o Líbano com o sonho de liderar e dirigir um ministério televisivo, que transmitisse o Evangelho para aquela parte do mundo. Quando chegaram, porém, a região entrou em conflito. Tudo parecia desmoronar ao redor deles, mas eles não recuaram. Em vez disso, eles se adaptaram.

Como o programa de televisão já não era uma alternativa viável, eles passaram a desenvolver um curso por correspondência, enviando a mensagem do Evangelho a lugares obscuros do Planeta. Graças a esse curso, o Evangelho espalhou-se como fogo. Deus havia lhes dado o desejo de trabalhar na televisão no Líbano, mas o verdadeiro anseio deles era divulgar o Evangelho em todo o Oriente Médio. E Deus sabia a melhor maneira de fazer isso acontecer.

O sonho deles havia nascido de Deus, embora sua manifestação inicial parecesse ter fracassado. A ideia do programa de televisão os havia posicionado perfeitamente para então descobrir como Deus iria de fato realizar o desejo profundo do coração deles de compartilhar o Evangelho em áreas de difícil acesso. Permanecer flexíveis, mas persistentes, em seus sonhos fez com que Deus atendesse ao seu clamor da maneira que ele sabia ser a melhor.

Todo sonho em nosso coração é significativo. Todo sonho, em sua essência, nasce de Deus. A expressão particular de nosso sonho pode não ter relação alguma com ele, mas Deus nos convida a sonhar livremente com ele. Mantenha uma lista contínua de sonhos, sem distinguir entre o espiritual e o não espiritual, e ofereça-os a ele. Depois observe como ele vai agir.

Nossos sonhos se tornam habitações que Deus ocupa. Ele criou cada um de nós como uma expressão única, portanto seria um triste desperdício nos obrigarmos a sonhar apenas com o que pensamos que devemos. Confie que sua imaginação foi redimida. Não importa o que você sonhe — tudo, desde férias especiais com sua família até ver os mortos ressuscitados —, observe como ele usa as coisas naturais para causar um impacto sobrenatural. Deus quer mostrar ao mundo quem ele é por meio dos sonhos realizados de seus filhos.

> Mas o SENHOR protege aqueles que o temem [e o adoram com reverência e obediência inspiradas pelo temor], aqueles que firmam [com confiança] a esperança no seu amor [...].
>
> SALMOS 33.18

Que sonhos você deseja realizar em seu coração? Pergunte a si mesmo qual é o sentimento por trás desses sonhos: por que você quer fazer o que deseja fazer? Que aspecto do coração de Deus será revelado ao mundo quando seu sonho for realizado?

PREPARADO PARA A VITÓRIA

O SENHOR lutará por vocês; tão somente acalmem-se.

ÊXODO 14.14

Não há nenhuma circunstância que enfrentemos para a qual ele não nos tenha preparado.

Os israelitas foram libertados da escravidão no Egito, e Deus os guiou pelo deserto em direção à terra prometida. Isso levou quarenta anos. Não por causa da geografia, mas porque o Senhor os estava treinando outra vez. Eles haviam assumido a identidade de escravos por gerações, mas Deus queria incutir os caminhos de seu Reino, a fim de que pudessem não só entrar, mas também habitar a terra prometida. Como diz o ditado: "Foi fácil tirar Israel do Egito, mas foi difícil tirar o Egito de Israel".

Às vezes, isso significava evitar conflitos: "Quando o faraó deixou sair o povo, Deus não o guiou pela rota da terra dos filisteus, embora esse fosse o caminho mais curto, pois disse: 'Se eles se defrontarem com a guerra, talvez se arrependam e voltem para o Egito' " (Êxodo 13.17). Deus era aquele que lutava as batalhas de seu povo. Não era como se a vitória contra os filisteus dependesse da sabedoria e da força deles. Mas Deus sabia que seu papel seria limitado pelo medo deles.

Ele não os levou pela rota direta através do deserto porque os israelitas não estavam preparados – mental, emocional ou espiritualmente. Ele decidiu proteger os israelitas inexperientes do inimigo. A questão não era saber se Deus poderia vencer: nunca houve uma disputa entre o Diabo e Deus. Ele os conduziu contornando a batalha para que o medo deles não os levasse de volta à escravidão.

O que isso nos ensina sobre o Senhor? Isso nos mostra que ele cria desvios em torno de batalhas para as quais não estamos totalmente preparados. Portanto, se ele não nos livra de uma situação é porque tem plena confiança de que nos preparou para a vitória. Quando em meio a um conflito escolhemos o medo, em vez da fé, violamos nosso plano por não reconhecer a orquestração divina de um momento que pode, mais uma vez, ilustrar a vitória de Cristo. Não há nenhuma circunstância que enfrentemos para a qual ele não nos tenha preparado.

O Senhor, o seu Deus, que está indo à frente de vocês, lutará por vocês, diante de seus próprios olhos, como fez no Egito. Também no deserto vocês viram como o Senhor, o seu Deus, os carregou, como um pai carrega seu filho, por todo o caminho que percorreram até chegarem a este lugar.

Deuteronômio 1.30-31

Se não estiver imediatamente claro para você como Deus o preparou para sua batalha atual, dedique algum tempo e peça a ele que lhe mostre as maneiras pelas quais ele o treinou para este momento. O que você aprendeu sobre Deus que torna mais fácil confiar nele nesta fase?

O momento da decisão

Põe-te em pé! Levanta-te e resplandece, porquanto a tua Luz é chegada, e a Glória de *Yahweh* raia sobre ti. Em verdade, as trevas cobrem a terra, a escuridão envolve todas as nações, mas sobre ti levanta-se a face de *Yahweh* e a sua Glória aparece sobre ti. As nações caminharão na tua Luz, e os reis, no clarão do teu sol nascente.

Isaías 60.1-3 (KJA)

Estaremos preparados para a batalha se enfrentarmos os conflitos com integridade e fé.

O momento da decisão sempre chegará: o que vamos fazer diante de um conflito? As decisões que tomamos nessas ocasiões determinam se nos beneficiaremos da provação ou se seremos prejudicados por ela. Deus irá nos preparar plenamente para o que ele está fazendo na Terra. Ele já determinou que tudo seria usado para promover o Evangelho, aumentar o senhorio dele em nossa vida e nos tornar mais eficientes neste mundo.

Toda oposição nos é permitida para que possamos nos levantar e nos opor a ela, a fim de mostrar ao mundo que Jesus é maior que os poderes do Inferno. E ele não apenas é maior, mas "aquele que está em vocês é maior do que aquele que está no mundo" (1João 4.4b). Em meio ao conflito, Deus deseja mostrar sua soberania e sua autoridade por meio de cada um de nós. Às vezes, os conflitos nos confundem, porque perdemos a visão do quadro geral. Mas depois que entendemos o propósito das provações, é mais fácil aceitar o que Deus está fazendo.

Deus tem um plano maravilhoso para sua Igreja, e conhecemos o final da história — seremos triunfantes, uma Noiva gloriosa, não uma que sobrevive por um triz (v. Efésios 5.27). As nações irão clamar por discipulado, hospitais serão esvaziados à medida que as pessoas forem curadas e temos a estranha sensação de que não estamos totalmente preparados para o dia que está chegando.

Aquele dia, por mais glorioso, também será um dia de escuridão (v. Isaías 60), e estamos cientes de que não temos todas as ferramentas de que precisamos. Tiago 1.2-4 aponta a solução: "Meus irmãos, considerem motivo de grande alegria o fato de passarem por diversas provações, pois vocês sabem que a prova da sua fé produz perseverança. E a perseverança deve ter ação completa, a fim de que vocês sejam maduros e íntegros, sem que falte a vocês coisa alguma". Ele está nos preparando para a batalha para a qual nascemos. E chegaremos a esse momento enfrentando os conflitos com integridade e fé.

> O Deus da paz, que pelo sangue da aliança eterna trouxe de volta dentre os mortos o nosso Senhor Jesus, o grande Pastor das ovelhas, os aperfeiçoe em todo o bem para fazerem a vontade dele e opere em nós o que lhe é agradável, mediante Jesus Cristo, a quem seja a glória para todo o sempre. Amém.
>
> Hebreus 13.20-21

Passe algum tempo com Deus e pergunte como ele pretende revelar sua soberania e autoridade por meio de você em meio a essa provação. Que ferramentas ele está colocando em suas mãos? Como você poderia aumentar sua integridade e fé nessa hora?

CONVITE À SUPERAÇÃO

Eu darei a você as chaves do Reino dos céus; o que você ligar na terra terá sido ligado nos céus, e o que você desligar na terra terá sido desligado nos céus.

MATEUS 16.19

Todo desafio é um convite à superação.

Quando o Senhor permite que um desafio surja em nosso caminho, é para revelar nossa necessidade, que se mostra um convite para maior superação. Se o medo, a insegurança ou o pânico surgirem diante de um desafio, poderemos levá-los aos pés de Jesus sem vergonha alguma.

A insegurança é apenas uma segurança equivocada, patente. O Senhor simplesmente traz à tona os momentos em que depositamos nossa segurança nas coisas erradas, para que possamos lidar com elas e avançar para uma solução divina. Não há um único problema no Planeta para o qual Jesus não tenha uma solução pronta e bem-elaborada.

Jesus disse: "Arrependam-se, pois o Reino dos céus está próximo" (Mateus 4.17b). O Reino dos Céus é o cumprimento absoluto de cada um dos clamores do coração humano. Os corações perturbados podem ser temporariamente satisfeitos nesta vida por uma mudança nas circunstâncias. Mas todos os nossos anseios só são plenamente satisfeitos no âmbito do Reino de Deus.

Portanto, quando Jesus disse: "Arrependam-se", ele estava desafiando uma geração a mudar de perspectiva, a fim de que pudesse libertá-la da influência de uma realidade inferior. Ele trouxe seu mundo com ele e nos convida a nele ingressar. Seu Reino é o domínio do Todo-Poderoso, onde tudo é colocado em ordem, onde a vida abundante é manifestada, onde a paz de Deus reina e onde a salvação do Senhor — espírito, alma e corpo — está disponível para nos afastarmos do que é inferior e abraçarmos seu caminho.

Pedro e João, ao se aproximarem de uma porta, viram um aleijado pedindo esmolas. Pedro disse: "Não tenho prata nem ouro, mas o que tenho, isto lhe dou. Em nome de Jesus Cristo, o Nazareno, ande" (Atos 3.6). Pedro não tinha dinheiro, mas tinha o nome de Jesus: o nome ao qual todo poder de destruição, doença e morte deve se curvar. O Reino dos Céus tocou aquele homem, e ele saiu andando, pulando e louvando a Deus. Todo desafio é um convite à superação.

> Pois o Reino de Deus não é comida nem bebida, mas justiça, paz e alegria no Espírito Santo [...].
>
> ROMANOS 14.17

O que surgiu em seu coração quando você estava no meio de um desafio? Com base em sua reação, onde você vê que precisa de Deus para obter livramento? Você sente medo ou insegurança? Quanto sua vida seria diferente se você se libertasse desses sentimentos?

Além da compreensão

Não andem ansiosos por coisa alguma, mas em tudo, pela oração e súplicas, e com ação de graças, apresentem seus pedidos a Deus. E a paz de Deus, que excede todo o entendimento, guardará o coração e a mente de vocês em Cristo Jesus.

Filipenses 4.6-7

Nosso coração nos levará aonde nossa cabeça não se encaixa.

Muitas pessoas — tenham ou não um relacionamento com Deus — podem ser bondosas, generosas e amorosas. Mas existe algo que só um cristão pode oferecer: a realidade de outro mundo, que remodela a realidade deste. Jesus declarou que suas palavras eram espírito e vida (v. João 6.63). Ou seja, ele estava dizendo aos discípulos que elas se tornam presença e que a presença dele produz vida. Elas dão vida mesmo quando não entendemos o que ele está fazendo.

Em João 6, Jesus prega um sermão que certamente não teria sido escolhido para uma campanha de relações públicas do céu. Ele diz a uma grande multidão que eles teriam de comer sua carne e beber seu sangue para participar da vida eterna (cf. v. 53). Ele estava falando o que o Pai estava falando e fazendo o que o Pai estava fazendo. Mas aqui estava dizendo algo que ninguém poderia entender.

Se há uma cultura que é avessa ao canibalismo, essa cultura é a de Israel. Então você pode imaginar a reação daquelas pessoas: "Será possível que este seja o mesmo cara que estava multiplicando comida um dia desses?". A multidão logo começou a se retirar. Este é o crescimento da Igreja em sua melhor forma: uma multidão de 15 mil pessoas reduzindo-se a 12 discípulos.

Jesus então voltou-se para os Doze e perguntou se eles também iriam embora. Mas Pedro havia entendido a mensagem: "Senhor, para quem iremos? Tu tens as palavras de vida eterna" (João 6.68). Dito de outra forma, seria: "Jesus, não entendemos essa coisa de carne e sangue mais que a multidão que foi embora. Mas sabemos que toda vez que falas nos sentimos vivos por dentro". Se formos aceitar de Deus apenas aquilo que entendemos, teremos criado um deus à nossa imagem.

Jamais devemos tentar reduzir Deus ao nosso tamanho ou às nossas limitações e restrições. Todo seguidor de Jesus precisa em certos momentos tomar a decisão de segui-lo por pura confiança, não por tê-lo entendido. O cristianismo não é a religião da "compreensão", e sim da "fé". Nosso coração nos levará aonde nossa cabeça não se encaixa.

"Pois os meus pensamentos
não são os pensamentos de vocês,
nem os seus caminhos
são os meus caminhos",
declara o SENHOR.
"Assim como os céus são mais altos
do que a terra, também
os meus caminhos
são mais altos do que os seus caminhos
e os meus pensamentos
mais altos do que os seus pensamentos."

ISAÍAS 55.8-9

Cite algumas coisas de Deus que você não entende. Esses mistérios estão afastando você de Deus ou conduzindo-o mais profundamente à presença dele? Aquiete sua mente e permita que ele fale com você hoje. Ofereça sua total confiança nele mais uma vez.

Dor e decepção

Dá-me forças, como prometeste, e eu continuarei vivo;
não permitas que eu fique desiludido com a minha esperança.

Salmos 119.116 (NTLH)

Somos moldados pela nossa decisão de honrar a Deus em todas as circunstâncias.

Todo ser humano já lidou com dor e decepção em sua vida. Não há soluções reais para a perda ou para a devastação além da presença de Deus. Mas podemos tomar algumas providências para fortalecer nosso coração e nos reconectar com a paz em meio ao caos e à perda.

Primeiramente, precisamos ficar a sós com Deus. Sem acusá-lo, podemos expressar o que sentimos com absoluta honestidade. Não precisamos nos apresentar a Deus como se ele não soubesse o que se passa em nosso coração. Se você sentir que ele o traiu, o deixou sozinho ou o abandonou, diga isso a ele. Ele nos convida a entrar em sua presença do jeito que somos. Podemos derramar o coração diante dele conforme a dor que estamos sentindo.

Em seguida, devemos nos lembrar de quem ele é, de acordo com o que sabemos. Podemos estar nos sentindo sozinhos, traídos ou enganados, mas sabemos que ele não é um Pai que nos abandona, nos trai ou mente para nós. Ele é fiel e é sempre bom. Ele não nos deve nenhuma explicação. Devemos servi-lo com alegria, independentemente das circunstâncias, mas podemos apresentar a ele nossa dor e confessar o que sabemos ser verdade a respeito dele.

Podemos então recorrer à sua Palavra. Às vezes, ele pode nos dar uma indicação de leitura. Ou podemos recorrer a uma passagem conhecida, pela qual ele já tenha falado ao nosso coração. Podemos ainda simplesmente começar a ler até que ele fale conosco. E quando ele falar, talvez não tenhamos um desfecho para a situação em que nos encontramos, mas teremos uma resposta para a dor em nosso coração.

Os períodos de luto nos permitem apresentar ao Senhor nossas maiores decepções e oferecer a ele, intencionalmente, um sacrifício de louvor por quem ele é. Nossa dor e nossa perda podem vir a ser um tempero especial em nossa adoração. É algo que não teremos chance de ofertar a ele no Céu. Só temos esta vida para dar a ele esse presente. E somos moldados pela nossa decisão de honrá-lo em todas as circunstâncias.

Embora ele me mate,
ainda assim esperarei nele;
certo é que defenderei
os meus caminhos diante dele.

Jó 13.15

É fácil ou desafiador para você compartilhar seus sentimentos honestamente com Deus? Reserve algum tempo para dizer a ele com toda a franqueza como você está se sentindo. Depois disso, declare o que você sabe a respeito dele. Procure na Palavra evidências de sua bondade.

Generosidade radical

Deem e será dado a vocês: uma boa medida,
calcada, sacudida e transbordante
será dada a vocês. Pois a medida que usarem
também será usada para medir vocês.

Lucas 6.38

Enfrentamos cada desafio com o espírito oposto: derramando generosidade em face da escassez.

Alguns profetas foram a Antioquia avisar a igreja primitiva sobre uma fome mundial iminente (Atos 11.28). Assim que ouviram a notícia, aqueles crentes responderam com generosidade: "Os discípulos, cada um segundo as suas possibilidades, decidiram providenciar ajuda para os irmãos que viviam na Judeia" (v. 29). Convém lembrar que a fome afetaria o mundo inteiro, de modo que isso significava que os discípulos sabiam que a escassez estava prestes a afetar a vida deles também. Mas a primeira coisa que fizeram foi dar o dízimo. Isso é notável!

A maioria das pessoas, ao ouvir que uma fome estava para chegar, ficaria na defensiva, se recolheria e faria o que pudesse para sobreviver. Em vez disso, os discípulos agiram rapidamente para enviar uma oferta aos irmãos da Judeia. Cada um contribuiu de acordo com sua capacidade: não houve manipulação nem coerção, apenas uma enorme gratidão pelas promessas de Deus. A confiança absoluta que tinham nele levou-os a plantar uma semente de generosidade radical.

Os crentes daquela congregação provavelmente tinham ouvido as boas-novas e se convertido por obra de ministros do Evangelho vindos da Judeia. E quando recolheram os donativos para eles, é bem possível que fosse uma oferta de compaixão diante da notícia da fome, mas também um presente para honrar sua herança espiritual.

Embora a fome tenha de fato ocorrido, nunca mais ouvimos falar dela. Existe algo muito poderoso nos atos radicais de generosidade em tempos de necessidade pessoal. Podemos nos recusar a ceder às ameaças do Inimigo e a sucumbir diante do espírito do medo e, em um ato honroso, investir intensamente na vida de outras pessoas, em vez de nos render à autopreservação.

Depois de derrotar os filisteus, Deus se identificou na vida de Davi como Baal-Perazim: o Deus da superação (v. 1Crônicas 14.11). Quando há um obstáculo, ele o transpõe. Quando há um período de escassez ou de dificuldades, ele traz abundância. Ele é o Deus das respostas, independentemente do problema. Graças a ele, somos capazes de enfrentar cada desafio com o espírito oposto: derramando generosidade diante da escassez.

Chamando a si os seus discípulos, Jesus declarou: "Afirmo que esta viúva pobre colocou na caixa de ofertas mais do que todos os outros. Todos deram do que lhes sobrava; mas ela, da sua pobreza, deu tudo o que possuía para viver".

MARCOS 12.43-44

O que motiva seus atos de generosidade? Você já deu algum presente com o propósito de honrar sua herança espiritual, como fez a igreja primitiva com relação à Judeia? Pense no desafio que você está enfrentando agora. Como seria agir com o espírito oposto? O que significa hoje para você uma generosidade radical?

Força encontrada na alegria

Tu me farás conhecer a vereda da vida, a alegria plena da tua presença, eterno prazer à tua direita.

Salmos 16.11

Nosso grau de força será medido de acordo com nosso nível de alegria.

No livro de Neemias, Israel havia finalmente reconstruído seu templo e, com a ajuda de Neemias, começou a reconstruir o muro da cidade. O nome Neemias, na verdade, significa "consolador". É uma representação incomum do Espírito Santo nessa história. Sem ele, Israel teria levado décadas para reerguer o muro. Com Neemias, eles concluíram o projeto em questão de semanas.

Depois que a construção foi concluída, Esdras levou a lei de Moisés para a praça pública, e os sacerdotes leram as Escrituras em voz alta. Homens, mulheres e crianças ficaram de pé do nascer ao pôr do sol ouvindo a Palavra de Deus em hebraico. Pela primeira vez em sua vida, eles ouviram as exigências de Deus. E, ao perceber quanto estavam afastados do padrão divino, começaram a chorar e a se lamentar.

A resposta deles parecia apropriada, mas Neemias os corrigiu: "Este dia é consagrado ao Senhor, o nosso Deus. Nada de tristeza e de choro! [...] Podem sair, e comam e bebam do melhor que tiverem, e repartam com os que nada têm preparado. Este dia é consagrado ao nosso Senhor. Não se entristeçam, porque a alegria do Senhor os fortalecerá" (Neemias 8.9b-10).

Embora tivessem errado o alvo, ele lhes disse para não se lamentarem. O dia era sagrado, e, por causa disso, eles deveriam festejar. A alegria era importante o suficiente para que eles a programassem. Eles planejaram uma comemoração *antes* de atender às exigências de Deus. Essa é a disciplina da alegria. Não importa quais sejam nossas circunstâncias, temos a capacidade de escolher a alegria.

A tristeza, a dor e a confissão de pecados são partes importantes de nossa vida em Cristo. Mas aqui está o problema: não conseguimos perceber o poder desse versículo: "A alegria do Senhor os fortalecerá". A alegria era um bem celestial tão grande que motivou Jesus a suportar a cruz (v. Hebreus 12.2). A alegria é a chave para a força; é um caminho para a saúde (v. Provérbios 17.22); é uma evidência de conexão com a presença de Deus (v. Salmos 16.11).

Nosso grau de força será medido de acordo com nosso nível de alegria.

Que o Deus da esperança os encha de toda alegria e paz, por sua confiança nele, para que vocês transbordem de esperança, pelo poder do Espírito Santo.

ROMANOS 15.13

Se sentir que precisa de força, tente se concentrar em desenvolver sua alegria. Mesmo que não sinta vontade de se alegrar, o que você poderia fazer para expressar alegria a Deus? De que forma você se alegraria com sua mente, seu corpo e seu espírito? Permita que a alegria do Senhor conceda força à sua vida!

Fortalezas do pensamento

Pois, embora vivamos como homens, não lutamos segundo os padrões humanos. As armas com as quais lutamos não são humanas; ao contrário, são poderosas em Deus para destruir fortalezas. Destruímos argumentos e toda pretensão que se levanta contra o conhecimento de Deus e levamos cativo todo pensamento, para torná-lo obediente a Cristo.

2Coríntios 10.3-5

Vencer batalhas internamente coloca-nos em posição de influenciar o mundo externamente.

Quando nossa vida de pensamentos não está alinhada com Cristo, isso não só dá poder ao Inimigo como também lhe dá um seguro para se esconder. Quando nossa alma está ancorada na confiança em algo que não seja Deus, nossos pensamentos refletem essa realidade. As armas de nossa guerra, de que Paulo fala, não são nossas habilidades ou talentos, mas o arsenal do próprio Deus, usado para lidar com os esconderijos do Inimigo em nosso pensamento.

O Diabo sabe que não consegue fazer com que a maioria de nós negue a existência de Deus. Temos muita história com Deus para cair nessa. Mas ele tentará nos levar a pensar em um problema sem esperança de uma solução redentora. Quando isso acontece, exaltamos algo em nosso pensamento que luta contra o conhecimento de Deus. Não há um problema que enfrentemos para o qual ele já não tenha a solução e para o qual ainda não esteja preparado para solucionar.

Às vezes, quanto mais conhecimento tivermos das realidades espirituais, mais fácil será dar um nome espiritual ao medo. No entanto, quando você dá um nome virtuoso a uma disfunção — chamando o medo de "discernimento", por exemplo —, não apenas estará lhe dando permissão para permanecer como também consentimento para criar raízes até que ele comece a moldar sua personalidade.

A resposta não é ignorar o conhecimento espiritual, mas tudo que aprendemos deve nos levar à pessoa de Jesus Cristo. Ele é o Cordeiro que se sentará no trono por toda a eternidade, como um lembrete constante de nossa dependência (v. Apocalipse 5.13).

A derrubada de fortalezas deve começar em sua mente. Quando alguém lida bem com o próprio pensamento, ele se torna capaz de reconhecer essas fortalezas em outras pessoas — não para envergonhá-las, mas para conduzi-las à vitória por meio da oração. Louvamos quem Deus é quando, antes de tudo, nos organizamos internamente, o que nos capacita a difundir o conhecimento de Deus no mundo. Vencer as batalhas internas nos coloca em posição de influenciar o mundo externamente.

Portanto, estejam com a mente preparada, prontos para a ação; estejam alertas e ponham toda a esperança na graça que será dada a vocês quando Jesus Cristo for revelado.

1Pedro 1.13

O Inimigo já tentou atacar seus pensamentos com medo, dúvida ou ansiedade? Que áreas lhe parecem particularmente suscetíveis às mentiras dele? Como você poderia fortalecer essas áreas se conectando com Deus e ouvindo a verdade dele para sua vida?

O OUTRO LADO DA TEMPESTADE

E assim mostrarei a minha grandeza e a minha santidade, e me farei conhecido de muitas nações. Então eles saberão que eu sou o SENHOR.

EZEQUIEL 38.23

Falaremos às tempestades em nossa vida e diremos: "Sejam afastadas!".

A tempestade enfrentada por Jonas ocorreu quando ele estava tentando fugir da missão de Deus. Quando os discípulos enfrentaram a tempestade, eles estavam seguindo as instruções de Deus, tentando chegar ao outro lado do mar. A tempestade nesse caso era um obstáculo à vontade de Deus. Jesus havia lhes ensinado o que fazer com os obstáculos. Se houvesse uma montanha em seu caminho, eles deveriam dizer à montanha: "Levante-se e atire-se no mar" (Marcos 11.23).

Os obstáculos à vontade de Deus devem ser enfrentados como se estivéssemos lidando com o próprio Inimigo. Jesus cochilou no barco enquanto a tempestade se intensificava ao redor deles. Jesus confiava em seus discípulos como capazes de lidar com aquele obstáculo, pela autoridade que lhes concedera. Mas, ao deixar de assumir a autoridade sobre a tormenta, eles perderam a oportunidade de ingressar na paz de Deus.

Quando a tempestade se acalmou, os discípulos e Jesus chegaram ao outro lado e encontraram um homem possuído por demônios. Assim que viu Jesus, ele se prostrou aos seus pés e o adorou. Jesus expulsou os demônios dele e os transferiu para um rebanho de porcos. Os moradores da região ficaram com tanto medo que pediram a Jesus que fosse embora. O homem recém-libertado tornou-se um evangelista em sua cidade, e a Bíblia diz que quando Jesus voltou àquela região, grandes multidões saíram para vê-lo e para serem curadas (v. Mateus 15.30). Houve uma transformação radical não apenas naquele homem, mas em toda a comunidade.

Enquanto estavam enfrentando a tempestade, os discípulos não sabiam que Deus os estava preparando para tocar uma pessoa, cuja libertação quebraria um espírito territorial e libertaria toda uma região para vir a Cristo. Do outro lado da tempestade, havia uma tremenda vitória.

Deus usará as tempestades que enfrentamos para nos fortalecer, mas a tempestade em si existe por um único motivo: para nos manter longe do livramento que poderia abalar uma nação inteira. Podemos falar a essas tempestades e dizer: "Sejam afastadas!".

Louvemos a Deus! Pois ele pode conservar vocês firmes na fé, de acordo com o evangelho que eu anuncio, isto é, a mensagem a respeito de Jesus Cristo. E de acordo também com a verdade secreta que nunca foi revelada no passado. Porém essa verdade foi revelada agora por meio daquilo que os profetas escreveram. E, por ordem do Deus eterno, ela se tornou conhecida em todas as nações, para que todos creiam e obedeçam.

ROMANOS 16.25-26 (NTLH)

Que tipo de tempestade você está enfrentando? É como a de Jonas, que tenta fazer com que você fuja do chamado de Deus para sua vida? Ou é como a que os discípulos enfrentaram — um ataque evidente do Inimigo, para impedi-lo de enxergar a vontade de Deus? Se for a última opção, permaneça na paz de Deus e diga a essa tempestade: "Seja afastada, em nome de Jesus!".

Uma verdade superior

Vocês, orem assim: "Pai nosso, que estás nos céus!
Santificado seja o teu nome.
Venha o teu Reino; seja feita a tua vontade,
assim na terra como no céu".

Mateus 6.9-10

O que não estiver no Céu,
Deus não vai querer na Terra.

Nem toda verdade é criada da mesma forma. Por toda a Escritura, há revelações de verdades que depois são alteradas por uma verdade superior. Por exemplo, todo o Antigo Testamento se concentra em construir na humanidade a consciência de que todos são pecadores e precisam de Deus. A revelação que eles receberam foi sobre o verdadeiro poder do pecado. Uma ilustração disso era o fato de que, segundo o Antigo Testamento, se você tocasse um leproso se tornaria impuro (v. Levítico 13).

No Novo Testamento, o amor de Deus triunfa sobre o poder do pecado. É uma revelação superior. Jesus tocou um leproso e, em vez de ficar impuro, foi o leproso que ficou limpo (v. Mateus 8.3). O Novo Testamento como um todo apresenta uma revelação superior da verdade. O Antigo Testamento tinha a Lei, e a Lei era perfeita. Mas o Novo Testamento tem a graça, que é superior. O juízo é uma questão real, mas a misericórdia triunfa sobre o juízo (v. Tiago 2.13). O pecado é poderoso, mas o amor cobre uma multidão de pecados (v. 1Pedro 4.8).

Jesus é a representação exata da natureza do Pai (v. João 14.9). Ele estava representando *exatamente a* natureza do Pai quando pegou a lama e untou os olhos do cego com ela para curá-lo (v. João 9.6). Ele estava ilustrando o coração do Pai quando ressuscitou a criança morta na frente de uma família em luto (v. Marcos 5). De todas as formas, a pessoa de Jesus ilustrava o coração do Pai.

Muitos acreditam que o Pai traz coisas ruins à vida do ser humano — doença, pobreza, tormento — para ensinar uma lição ou desenvolver o caráter. Imaginam então que Jesus entra em conflito com o Pai para nos livrar do sofrimento. Mas isso é uma mentira blasfema. Tudo que

Jesus fez foi para revelar a natureza do Pai ao mundo. O que não estiver no Céu, Deus não vai querer na Terra.

Pois desci dos céus, não para fazer a minha vontade,
mas para fazer a vontade daquele que me enviou.

João 6.38

Que aspectos da vida de Jesus desafiam sua compreensão acerca do Pai? Você está precisando mudar alguma suposição que tenha feito sobre a natureza do Pai, em face dos desafios em sua vida? Convide o Pai a revelar seu coração a você hoje.

Convivendo com o mistério

Bendiga o Senhor a minha alma!
Bendiga o Senhor todo o meu ser!
Bendiga o Senhor a minha alma! Não esqueça nenhuma de suas bênçãos! É ele que perdoa todos os seus pecados e cura todas as suas doenças, que resgata a sua vida da sepultura e o coroa de bondade e compaixão, que enche de bens a sua existência, de modo que a sua juventude se renova como a águia.

Salmos 103.1-5

Quanto mais confiarmos nele diante do mistério, mais ele poderá confiar a nós o que podemos entender.

Nos primeiros versículos do salmo citado, Davi ordena que sua alma — emoções, mente e vontade — se alinhe com quem Deus é. Ele recomenda a si mesmo que não se esqueça de quem Deus é, sabendo que a vida oferece a todos nós muitas oportunidades para esquecer.

Não temos um evangelho complicado. Não precisamos adivinhar a natureza de Deus ou sua vontade para esta Terra. O evangelho que abraçamos e pelo qual vivemos está repleto de absolutos sobre quem Deus é. Mas vivemos na tensão entre o que entendemos e o âmbito chamado "mistério". A vida cristã é uma combinação dos dois. O livro de Provérbios incentiva-nos a buscar o entendimento, mas não podemos nos dar ao luxo de viver apenas com base naquilo que entendemos (v. Provérbios 4).

Se restringirmos nossa caminhada dessa forma, estaremos nos limitando a trilhar as estradas que sempre percorremos. Não cresceremos em nosso relacionamento com o Senhor se não nos expusermos a impossibilidades que nos obriguem a fazer perguntas para as quais não temos resposta. É por isso que a vida cristã é chamada "de fé". Não precisamos de fé para o que nos é familiar. A confiança implica dizer: "Não entendo". Nossa capacidade de viver com uma combinação entre conhecer a natureza de Deus por meio de revelação e confiar nele em tudo que não entendemos define a verdadeira vida cristã.

Às vezes, queremos tanto obter respostas que começamos a inventar aquelas que nos fazem sentir bem com nossa condição atual. Mas, para isso, precisamos tomar um dos absolutos que Deus nos revelou sobre sua natureza — Deus é bom, seu desejo é que todos sejam salvos ou ele pagou o preço por cada pecado e cada doença — e sacrificá-lo no altar do raciocínio humano.

Quanto mais confiarmos nele diante do mistério, em tudo que não podemos entender, mais ele poderá nos confiar o conhecimento da revelação que podemos entender.

[Deus] nos revelou o mistério da sua vontade,
de acordo com o seu bom propósito
que ele estabeleceu em Cristo.

Efésios 1.9

Que mistério você está enfrentando neste momento? Liste as coisas que você não entende sobre sua situação. Agora, faça uma lista dos absolutos da natureza de Deus que você sabe que são verdadeiros.

Olhos focados em Deus

Os que olham para ele estão radiantes de alegria; seu rosto jamais mostrará decepção. Este pobre homem clamou, e o Senhor o ouviu; e o libertou de todas as suas tribulações. O anjo do Senhor é sentinela ao redor daqueles que o temem, e os livra. Provem e vejam como o Senhor é bom. Como é feliz o homem que nele se refugia.

Salmos 34.5-8

A demora na descoberta pode alimentar nossas orações, mas podemos encontrar a coragem quando focamos nele.

O descanso é sempre um trabalho interno. Podemos ter a agenda mais entediante do mundo e ainda assim estar cheios de ansiedade e estresse. O verdadeiro descanso vem do fato de aprendermos a viver na presença de Deus mantendo os olhos nele e no que ele está fazendo. Essa é nossa conexão, nosso alinhamento de vida com a paz encontrada na presença de Deus.

João Batista foi o maior homem que já viveu antes de Jesus (v. Mateus 11.11), mas até ele teve um momento de dúvida. Confinado à prisão, enviou uma mensagem a Jesus: "És tu aquele que haveria de vir ou devemos esperar algum outro?" (v. 3). Essa pergunta já havia sido respondida. A resposta fora dada quando Jesus foi batizado nas águas, e pelo próprio João, quando proclamou: "Vejam! É o Cordeiro de Deus" (João 1.29b). Ele já sabia quem era Jesus, mas, em meio à crise, sua paz foi abalada, e as dúvidas surgiram.

É fácil questionar nossas antigas crenças quando estamos com problemas ou decepcionados. João Batista foi encerrado na prisão porque havia preparado o caminho para aquele que liberta os cativos (v. Isaías 61.1). Ele estava vivendo a tensão e o mistério de ver Deus cumprir sua promessa ao mundo sem experimentar essa mesma descoberta por si mesmo. Entretanto, Jesus não se irritou com João por questioná-lo. Ele respondeu: "Voltem e anunciem a João o que vocês estão ouvindo e vendo: os cegos veem, os aleijados andam, os leprosos são purificados, os surdos ouvem, os mortos são ressuscitados, e as boas-novas são pregadas aos pobres" (Mateus 11.4-5).

A atenção de João fora desviada de Deus para o perigo muito real que estava enfrentando. Jesus simplesmente tomou seu rosto entre as mãos e redirecionou o foco dele de volta para o que Deus estava fazendo. A demora na descoberta pode alimentar nossas orações, mas podemos encontrar a coragem quando focamos nele.

Como os olhos dos servos estão atentos à mão de seus senhores, e os olhos da criada, à mão de sua senhora, assim nossos olhos estão voltados para o Senhor, nosso Deus, até que Ele expresse sua misericórdia para conosco.

Salmos 123.2 (KJA)

Comece a fazer uma lista do que você vê Deus fazendo em sua vida e no mundo ao seu redor. Como você percebe a natureza dele sendo revelada na Terra, mesmo que ainda não tenha experimentado uma descoberta pessoal?

Coragem sobrenatural

Sejam fortes e corajosos. Não tenham medo nem fiquem apavorados por causa delas, pois o Senhor, o seu Deus, vai com vocês; nunca os deixará, nunca os abandonará.

Deuteronômio 31.6

Nossa ousadia disseminará um senso de identidade e propósito nas pessoas ao nosso redor.

O livro de Samuel conta uma história surpreendente de coragem poderosa e sobrenatural. Jônatas estava com seu escudeiro observando um destacamento do exército filisteu inimigo. Em outras palavras, ele diz: "Acho que podemos vencê-los". E o escudeiro — o verdadeiro herói da história — analisou suas chances e respondeu: "Sim, vamos lá. Estou com você!". Os dois homens abriram mão de todas as vantagens militares subindo a colina em direção ao inimigo, à vista de todos, e mesmo assim Jônatas "os derrubava" (1Samuel 14.13). A própria terra tremeu anunciando a vitória.

Então algo extraordinário aconteceu: o texto relata que alguns hebreus, que se haviam afastado tanto de Deus a ponto de lutar do lado do inimigo, ouviram a história da coragem sobrenatural dos dois homens e não puderam mais negar quem eram (1Samuel 14.21). Podemos imaginá-los retirando o equipamento militar filisteu, saindo da formação e correndo para se juntar aos seus irmãos hebreus na batalha. A coragem sobrenatural leva as pessoas a descobrir sua identidade.

Ela também faz com que os heróis saiam do esconderijo. Os homens de Israel que estavam se escondendo da batalha nas montanhas agora corriam para a linha de frente (1Samuel 14.22). Eles não tinham ido tão longe a ponto de se juntar aos filisteus, mas ainda não haviam descoberto seu propósito de vida. De alguma forma, a história dessa coragem sobrenatural chegou às cavernas nas quais eles haviam se recolhido, e eles não puderam mais ficar escondidos. Então correram e começaram a perseguir aqueles que tanto os haviam aterrorizado.

Em toda batalha, temos a oportunidade de ser como Jônatas e seu escudeiro, ou seja, de ver a situação pelos olhos de Deus — aquele que não se intimida e acerca de quem podemos afirmar com confiança: "[...] pois nada pode impedir o Senhor de salvar, seja com muitos seja com poucos" (1Samuel 14.6b). Em todas as crises, temos a chance de ver nossos atos de ousadia disseminarem um senso de identidade e propósito às pessoas ao nosso redor.

Estejam vigilantes, mantenham-se firmes na fé,
sejam homens de coragem, sejam fortes.

1Coríntios 16.13

Quem em sua vida se afastou tanto das coisas de Deus que agora está lutando do lado do Inimigo? E quem, embora não tenha abandonado Deus, está se escondendo e se afastando? Peça ao Senhor que desperte seu coração para a ousadia. Clame a Deus para que sua coragem desperte o coração dessas pessoas!

ABRIGADO EM SUA BONDADE

O SENHOR é bom, um refúgio em tempos de angústia. Ele protege os que nele confiam [...].

NAUM 1.7

Nada está fora do escopo da redenção de Deus.

Deus não se sente desconfortável com nossa dor nem com nossa tristeza. Jesus chorou com a morte de seu amigo Lázaro, mesmo sabendo que estava prestes a ressuscitá-lo dos mortos (João 11.35). Portanto, nem sempre devemos apenas nos sentir tristes, sem agir. Deus nos deu a capacidade de ter sentimentos para que nossas emoções nos conduzam de volta a ele.

Se sentirmos tristeza ou dor ao enfrentar problemas, devemos permitir que essas emoções nos levem a Deus em oração. Mesmo que não saibamos exatamente como orar por uma situação, sabemos que, se houve destruição, morte ou alegria roubada de nós, é porque o Inimigo conseguiu o que queria. E sabemos que estamos assumindo uma posição contra o reino das trevas quando oramos para que a misericórdia de Deus interfira nessa circunstância. A emoção é uma dádiva. Nós a percebemos porque Deus nos colocou em condições de fazer a diferença por meio da oração.

Se afundamos na desesperança, é porque caímos na mentira de que certas coisas estão fora do alcance de Deus. Por isso, devemos correr para a realidade de Jesus e nos abrigar em seu nome e em sua bondade. Então começaremos a ver a situação diante de nós pelos olhos dele e a pensar nas soluções redentoras que ele tem em mente.

Nas Escrituras, a ideia de uma fortaleza geralmente se refere a um local de residência demoníaca na vida de um indivíduo ou de uma cidade. No caso de Naum, porém, trata-se de uma revelação da bondade de Deus. O livro de Provérbios diz isso da seguinte maneira: "O nome do Senhor é uma torre forte; os justos correm para ela e estão seguros" (18.10).

Imagine isso desta forma: aquele que realmente entende a bondade de Deus tem automaticamente um esconderijo, uma fortaleza na qual reside, a despeito da tempestade. Sempre que enfrentamos algum problema, podemos correr em direção à bondade de Deus para encontrar abrigo. Podemos nos refugiar ali, cientes de que ele sempre tem uma solução. Nada está fora do escopo da redenção de Deus.

> Tu és o meu abrigo; tu me preservarás das angústias
> e me cercarás de canções de livramento.
>
> Salmos 32.7

Faça uma lista das vezes que você testemunhou a bondade de Deus em sua vida, na vida de amigos e familiares ou mesmo nas histórias bíblicas. Cole essa lista em algum lugar onde possa vê-la todos os dias, a fim de relembrar a realidade da bondade de Deus sempre que se sentir sem esperança. Ele é seu refúgio.

O PODER DA CONFIANÇA

Confia no Senhor de todo o teu coração e não te apoies no teu próprio entendimento.

PROVÉRBIOS 3.5 (KJA)

A força do nosso coração provém de nossa entrega completa aos propósitos de Deus.

Seu coração é maior que sua cabeça. O que pode ser entendido pelo coração humano é muito mais significativo em comparação com o que pode ser compreendido pela mente. A mente não é insignificante. Ela é importante, mas a Bíblia deixa claro que nossa mente não deve estar no controle (v. 2Coríntios 10.5). Pessoas de mente pequena são na verdade aquelas que põem a mente em primeiro lugar. Se a mente estiver na liderança, reduziremos nossa caminhada com Deus apenas ao que podemos entender.

É importante que tenhamos áreas de nossa vida encerradas em mistério. O mistério é tão importante quanto a revelação. Em nossa busca do conhecimento de Deus, para servi-lo e representar seu Reino perante o mundo, conquistaremos entendimento. Poderemos então entender aquilo que não entendíamos no início de nossa caminhada com Deus. É assim que deve ser. Devemos crescer naquilo que dele nos é revelado.

Na mesma medida em que progredimos em nossa compreensão do Reino, devemos avançar em nossa aceitação do mistério. Precisamos ter sempre o suficiente daquilo que não podemos explicar nem controlar em nossa vida, pois é isso que nos dá motivos para confiar.

No provérbio citado, o verbo "apoiar" refere-se a depender de algo para se firmar. Se você se apoiar em uma mesa, estará confiando o peso de seu corpo a essa mesa: se ela não estivesse ali, você cairia. Ela o está sustentando. A passagem de Provérbios está dizendo que não devemos permitir que nosso entendimento seja nosso apoio ao longo da vida.

À medida que entendemos melhor nossa fé, precisamos correr mais riscos, ficar expostos às necessidades de tal forma que se torne normal não nos apoiarmos em nosso entendimento, mas em reconhecer Deus em todos os nossos caminhos. Nosso discernimento pessoal não pode ser a fonte de nossa força. A força de nosso coração provém de nossa entrega total aos propósitos de Deus.

> As coisas encobertas pertencem ao Senhor, o nosso Deus, mas as reveladas pertencem a nós e aos nossos filhos para sempre, para que sigamos todas as palavras desta lei.
>
> Deuteronômio 29.29

Cite alguns exemplos de como sua compreensão de Deus vem ajudando você a crescer desde que começou a segui-lo. O que antes parecia confuso em sua caminhada com o Senhor e agora não é mais? Como você tem se arriscado ativamente, enquanto mantém o mistério em sua vida com ele?

A PARTIR DE NOSSOS JOELHOS

Se esse meu povo, que se chama pelo meu Nome, se humilhar, orar e buscar a minha face, e se afastar dos seus maus caminhos, dos céus o ouvirei, perdoarei o seu pecado e seus erros e curarei a sua terra.

2Crônicas 7.14 (KJA)

Se quisermos representar Deus em nossas ações, devemos encontrá-lo primeiro em nossas orações.

O Senhor põe o peso da responsabilidade de transformar o mundo sobre os ombros de seu povo. Deus tem o hábito de trazer cura e restauração, mas isso parte da iniciativa de pessoas com quem ele compartilhou seu nome. Jesus disse: "Eu asseguro que meu Pai dará a vocês tudo o que pedirem em meu nome" (João 16.23b); e:

"Também digo que, se dois de vocês concordarem na terra em qualquer assunto sobre o qual pedirem, isso será feito a vocês por meu Pai que está nos céus. Pois onde se reunirem dois ou três em meu nome, ali eu estou no meio deles" (Mateus 18.19-20).

O peso da responsabilidade pelas expressões transformadoras do Reino de Deus recai sobre os ombros daqueles a quem ele deu seu nome. Não estamos aqui na Terra ocupando espaço, mantendo-nos ocupados até morrer ou até Jesus voltar. Estamos aqui com a tarefa de mudar o mundo ("assim na terra como no céu").

A adoração e a oração são as principais atribuições dadas a nós. É de joelhos que causamos o maior impacto no mundo ao nosso redor. É no lugar da intercessão que nos tornamos verdadeiros parceiros de Deus. Ele não está procurando pessoas que saibam se manter ocupadas, mas que saibam representar o coração de Deus. É a conexão com o coração de Deus que nos dá a autoridade para representá-lo no mundo com absoluta confiança.

Fomos chamados para um estilo de vida de oração. Cultivar a consciência da presença de Deus conosco e sobre nós é que fará a diferença no mundo ao nosso redor. Deus está em busca de parcerias. Parafraseando Agostinho, "sem ele, não podemos nada; sem nós, ele não fará nada".

Se chegarmos a um ponto de concordância com o coração e a mente de Deus, seremos capazes de exercer sua autoridade, de modo que sua vontade seja feita aqui da mesma forma que no Céu. Se quisermos representá-lo em nossas ações, precisamos encontrá-lo primeiro em nossas orações.

> Clame a mim e eu responderei e direi a você [e até mesmo lhe mostrarei] coisas grandiosas e insondáveis [coisas confinadas, que estão ocultas] que você não conhece.
>
> Jeremias 33.3

O que tem mexido com seu coração ultimamente enquanto ora? Passe algum tempo com o Senhor para ouvir o coração dele sobre essa questão. Que parceria você poderia fazer com ele em oração e adoração?

Lutar *versus* descansar

Desde os dias de João Batista até agora, o Reino dos céus é tomado à força, e os que usam de violência se apoderam dele.

Mateus 11.12 (KJA)

Deus nos criou para o relacionamento, e esse é o único caminho a seguir.

Há duas maneiras de ver a fé descrita na Bíblia. A primeira é uma guerra violenta, em que pegamos as armas espirituais que possuímos — nossas palavras proféticas, a Palavra de Deus, declarações ousadas, atos proféticos — e guerreamos contra tudo que esteja no caminho de nosso livramento. A segunda é totalmente diferente. Fomos chamados para descansar e receber nosso livramento com a confiança e a entrega de uma criança. Então poderemos sentar e assistir ao desenrolar de nosso triunfo (v. 2Crônicas 20.17).

Sempre que o Senhor destaca uma fase em que devemos obter livramento por meio da violência da fé, é porque ele quer que aprendamos a ter autoridade nele. Quando ele prefere que fiquemos quietos e sejamos receptivos pela fé, feito crianças, ele está nos ensinando sobre nossa identidade como filhos dele.

Às vezes, ele está nos mostrando intencionalmente como usar a autoridade que confiou às nossas mãos. Então, talvez na semana seguinte, ele queira que estejamos em um lugar de descanso. Nesses momentos, podemos lutar por livramentos — confessando, declarando, marchando, jejuando, agitando nossas bandeiras, tocando nossos tamborins e *shofars*. Mas enquanto não descobrirmos quem somos nem descansarmos nessa identidade, nada será dispensado a nós.

Mas como saber em que fase estamos? Todos nós gostaríamos que houvesse uma receita para a fé. Há momentos em que não sabemos se devemos nos lançar contra a oposição ou se é melhor nos acomodarmos e esperar. Mas nunca chegaremos a esse entendimento apoiados em um princípio. Só o alcançaremos com base em um relacionamento. Muitas vezes, tentamos reduzir as coisas do Reino a um conceito, em vez de empreender uma jornada com o Pai. Seja para lutar, seja para descansar, ele nos criou para o relacionamento, e esse é o único caminho a seguir.

> Jesus chamou as crianças para perto de si e disse:
> — Deixem que as crianças venham a mim e não proíbam que elas façam isso, pois o Reino de Deus é das pessoas que são como estas crianças.
>
> Lucas 18.16 (NTLH)

Pense em sua história com Deus. Você se lembra de momentos em que o livramento só aconteceu depois de uma guerra declarada de sua parte ou da parte daqueles que você ama? Já passou por momentos em que Deus queria que você simplesmente se sentasse e recebesse [bênçãos] dele? Como percebeu a diferença?

Abandonando a introspecção

Nós mesmos conhecemos o amor que Deus tem por nós e cremos nesse amor. Deus é amor. Aquele que vive no amor vive unido com Deus, e Deus vive unido com ele.

1João 4.16 (NTLH)

Deus está de bom humor!

Às vezes, quando queremos ver a vontade de Deus na Terra ou ter certeza de que nosso coração é puro diante dele, podemos cair na armadilha da introspecção. Com todas as boas intenções, pensamos erroneamente que, se examinarmos nossos motivos com profundidade suficiente, poderemos, de alguma forma, experimentar uma transformação.

Quando ainda era um jovem pastor, eu me levava muito a sério e me tornei severo comigo mesmo, porque queria a todo custo ver a transformação em minha vida. Se eu não estivesse vendo certos milagres, concluía que era por causa de algum pecado que eu não conseguia enxergar em minha vida. E mergulhava fundo na introspecção para encontrá-lo.

Eu me esforçava muito para ser "espiritual" e eficaz, lutando contra todas as minhas fraquezas. Eu examinava meus motivos constantemente, a fim de encontrar qualquer coisa que pudesse consertar. Isso estava me matando, então decidi que era hora de parar. As épocas de minha vida em que eu estava mais saudável eram justamente os períodos em que eu estava relaxado, desfrutando a vida em Deus e no ministério.

A introspecção é prejudicial. Ela tira nossa confiança no único que traz a verdadeira transformação. Começamos a dar muito valor ao nosso papel. É certo que temos um papel na transformação de nossa vida — precisamos permanecer humildes, ensináveis, rendidos —, mas o papel de Deus é muito mais importante.

Então, em vez disso, podemos orar assim: "Deus, leio a Bíblia todos os dias, e disseste que tua Palavra é mais afiada que uma espada de dois gumes. Estou com teu povo o tempo todo. Estou disposto a levar até um tapa de um amigo se houver algo em meu coração que eu precise reconhecer. A correção será bem-vinda. Estou em tua presença constantemente, e tua presença é um fogo ardente. Então queima tudo que não for teu. Vou deixar de me sondar para ver se existe algo de errado comigo. Vou presumir que tudo está bem até que digas o contrário".

Deus não está distante. Ele não espera até que sejamos perfeitos para nos abraçar. Ele não está bravo conosco. Deus está de bom humor!

O Senhor não demora em cumprir a sua promessa, como julgam alguns. Pelo contrário, ele é paciente com vocês, não querendo que ninguém pereça, mas que todos cheguem ao arrependimento.

2Pedro 3.9

Você já caiu na armadilha da introspecção? Qual foi o fruto dessa época? Você está aberto à correção, da forma expressa na oração acima? Esteja confiante de que Deus aplicará a correção, caso você precise dela.

Família em primeiro lugar

Um novo mandamento dou a vocês: Amem-se uns aos outros. Como eu os amei, vocês devem amar-se uns aos outros. Com isso todos saberão que vocês são meus discípulos, se vocês se amarem uns aos outros.

João 13.34-35

Nossa compaixão pelos outros silenciará a voz da tempestade.

No tempo de Neemias, o povo de Deus estava em apuros (v. Neemias 5). Havia fome, pois não tinham plantações para colher e estavam ficando sem dinheiro. Na tentativa de sobreviver, alguns pais estavam vendendo os próprios filhos como escravos. Outros vendiam as terras da família, que eram para ser uma herança permanente, dada por Deus, de cada linhagem familiar. Vender os filhos e as terras afetaria esse legado para sempre.

Quando Neemias ouviu os clamores do povo faminto, logo percebeu a raiz do problema: os israelitas mais ricos estavam emprestando dinheiro aos compatriotas com taxas de juros altíssimas. O objetivo de emprestar dinheiro a outros israelitas era ajudá-los, por isso era proibido cobrar juros (v. Deuteronômio 23.19-20). E era ainda mais grave fazer isso em um período de escassez. As pessoas não conseguiam se manter em dia com os pagamentos e estavam pondo a perder a herança que haviam recebido de Deus. Neemias então repreendeu os israelitas e os chamou de volta ao pacto nacional e ao foco na família.

O espírito de divisão e autopreservação, tão presente em tempos difíceis, foi contraposto ao foco de Neemias na misericórdia e na restauração dos relacionamentos. Não era hora de tirar vantagem uns dos outros, mas de se unirem como uma comunidade solidária e enfrentar a tempestade juntos.

Em tempos de crise, podemos ser tentados a nos afastar, preocupados apenas com as próprias necessidades. Mas, em vez disso, Deus quer que vejamos a oportunidade que temos diante de nós de buscar ativamente o amor ao próximo. Em vez de reagir aos temores do dia, devemos ajustar nosso foco em prática e simples devoção a Cristo e ao seu povo.

Nosso amor por Deus deve ser visto e medido por nosso amor ao próximo. A fome de Neemias realmente aconteceu, porém não volta a ser mencionada nas Escrituras. É como se a compaixão e a devoção de uns pelos outros tivessem silenciado a voz da tempestade.

> Irmãos, vocês foram chamados para a liberdade. Mas não usem a liberdade para dar ocasião à vontade da carne; ao contrário, sirvam uns aos outros mediante o amor. Toda a Lei se resume num só mandamento: "Ame o seu próximo como a si mesmo".
>
> Gálatas 5.13-14

De que forma você tem experimentado o impacto do espírito de divisão ou de autopreservação em momentos de conflito? Como você poderia incentivar a compaixão pelos outros, mesmo diante das próprias necessidades? Que ato de amor prático você poderia demonstrar a alguém em sua comunidade hoje?

Confessar e declarar

O Espírito do Senhor está sobre mim, porque me ungiu para pregar o Evangelho aos pobres. Ele me enviou para proclamar a libertação dos aprisionados e a recuperação da vista aos cegos; para restituir a liberdade aos oprimidos.

Lucas 4.18 (KJA)

Podemos infundir esperança nos outros com assertivas ousadas de confiança em Deus.

"[Direi] ao Senhor: 'Tu és o meu refúgio e a minha fortaleza, o meu Deus, em quem confio' " (Salmos 91.2). No passado, transformei esse versículo em uma declaração pessoal. Eu dizia: "Deus, tu és aquele em quem confio. És meu refúgio". Mas um dia me dei conta de que o salmista escolheu essa expressão específica por um motivo.

Devemos confessar e declarar que Deus é aquele em quem confiamos. É importante pronunciar isso sobre nossa vida. Mas esse versículo fala de confissões e declarações que devemos fazer uns aos outros: "Direi do Senhor...". Devemos guardar nossa língua para falar de vida e de esperança uns aos outros, especialmente em tempos difíceis.

Tanto a desesperança quanto a esperança são contagiosas. Podemos decidir quão contagiosos queremos ser e com o que contagiaremos os outros. Em Isaías 35.4a, está escrito: "Digam aos desanimados de coração: 'Sejam fortes, não temam!' ".

Se alguém estiver sentindo medo ou lutando contra a falta de esperança, não devemos envergonhá-lo. Podemos ajudar uns aos outros ancorando intencionalmente nosso coração e nossas palavras na esperança. Palavras de vida confessadas uns aos outros causam um impacto profundo. O versículo seguinte de Isaías explica o efeito do incentivo anterior: "Então os olhos dos cegos se abrirão e os ouvidos dos surdos se destaparão" (Isaías 35.5).

Palavras intencionais, ditas de nós mesmos e dos outros, têm o poder de trazer esperança, força, cura e coragem sobrenatural. Declaramos o que Deus disse e fez, em vez de alimentar uma atmosfera de medo, que paralisa o coração das pessoas. Desse modo, levantamos os braços uns dos outros — como Arão fez com Moisés — em meio à batalha (v. Êxodo 17.12). Lembramos uns aos outros quem Deus é, o que ele fez e onde está nossa confiança. Infundimos esperança uns nos outros com assertivas ousadas de confiança em Deus.

> Vocês [...] são geração eleita, sacerdócio real, nação santa, povo exclusivo de Deus, para anunciar as grandezas daquele que os chamou das trevas para a sua maravilhosa luz.
>
> 1 Pedro 2.9

Faça uma retrospectiva de sua vida. Quem levantou seus braços no meio de suas batalhas? O que eles disseram ou fizeram que lhe trouxe coragem e cura? O que você poderia fazer para ajudar os outros da mesma forma?

O PAI DA FÉ

Nossos sofrimentos leves e momentâneos estão produzindo para nós uma glória eterna que pesa mais do que todos eles. Assim, fixamos os olhos, não naquilo que se vê, mas no que não se vê, pois o que se vê é transitório, mas o que não se vê é eterno.

2Coríntios 4.17-18

A esperança é o ambiente por meio do qual o impossível é disseminado na Terra; ela redefine nossas circunstâncias.

A vontade do coração do Senhor é que cada pessoa assuma plenamente seu destino. O Senhor disse que Abraão seria pai de nações, e Abraão aceitou essa palavra e deixou que ela redefinisse seu mundo. Ele olhou para seu corpo de 100 anos de idade e para sua esposa de 90 anos, que havia ainda passado por anos de infertilidade, mas decidiu permanecer firme nas promessas de Deus. Nessa atmosfera de esperança contagiante, surgiu um milagre, e ele se tornou o pai das nações.

Já o sobrinho de Abraão, Ló, se afligia com a conduta pecaminosa do povo ao seu redor (v. 2Pedro 2.7). Por causa disso, sua eficiência foi minada. Abraão definiu seu ambiente; Ló foi definido por ele. Ambos são chamados "justos", ambos passarão a eternidade com Deus e ambos tinham promessas de Deus para sua vida. A principal diferença entre os dois era o nível de esperança.

A Bíblia diz: "Abraão, contra toda esperança, em esperança creu, tornando-se assim pai de muitas nações" (Romanos 4.18a). Não sabemos muito sobre os descendentes de Ló, mas o legado de Abraão é conhecido. A esperança infecciosa — do tipo que define nossas circunstâncias — cria o clima propício para estabelecer um legado.

Hebreus diz que é pela fé que herdamos as promessas (6.12). Esse versículo não significa que a fé nos ajuda a ter promessas cumpridas, mas que a fé persistente de fato atrai as promessas de Deus, que de outra forma você não receberia. Deus é um bom administrador; ele planta em ambientes saudáveis. No Reino, um ambiente saudável é o coração da esperança.

É difícil manter viva a esperança natural. Se isso fosse tudo que possuíssemos, teríamos de nos esforçar o tempo todo para manter um espírito positivo em face das situações negativas. Quando você tem uma palavra de Deus, agarrar-se a essa palavra torna-se uma fonte de vida. Deus quer fazer nascer certas coisas na Terra, para sua glória. A esperança torna-se o ventre do qual nasce um legado. Ela é o ambiente por meio do qual o impossível é disseminado na Terra. Ela redefine nossas circunstâncias.

Agora assim diz o SENHOR,
aquele que o criou, ó Jacó, aquele que o formou, ó Israel:
"Não tema, pois eu o resgatei;
eu o chamei pelo nome; você é meu.
Quando você atravessar as águas,
eu estarei com você;
quando você atravessar os rios,
eles não o encobrirão.
Quando você andar através do fogo,
não se queimará;
as chamas não o deixarão em brasas".

ISAÍAS 43.1-2

Que promessas você recebeu de Deus acerca de sua família, sua comunidade e seu futuro? Que circunstâncias estão tentando distraí-lo da palavra de Deus sobre sua vida? Como sua compreensão da bondade e da fidelidade de Deus poderia começar a redefinir seu ambiente?

Adoração ou preocupação

Contra você, porém, tenho isto: você abandonou o seu primeiro amor. Lembre-se de onde caiu! Arrependa-se e pratique as obras que praticava no princípio. Se não se arrepender, virei a você e tirarei o seu candelabro do lugar dele.

Apocalipse 2.4-5

Ser um adorador é o que nos capacita a orar com eficiência.

Todos nós já passamos por aquelas noites em que não conseguimos dormir, em que nossa mente não para de pensar em um problema e o descanso parece distante. Nesses momentos, nossa ansiedade pode dominar nossa consciência acerca de Deus e transformar nossas orações em preocupações ou lamentos. Nossos afetos e nossa adoração a Deus, a Jesus e ao Espírito Santo estão no centro de quem somos. Quando assumimos uma atitude de afeto, com o coração ardendo por ele, tudo muda.

Salomão observa: "Eu estava quase dormindo, mas o meu coração estava acordado" (Cântico dos Cânticos 5.2a). Há alguns anos, aprendi a direcionar os afetos de meu coração para o Senhor quando adormecia à noite. Nesses momentos, eu me envolvia com ele e sentia sua presença. Depois de algum tempo, percebi que a maioria das pessoas teria dias muito melhores se tivesse noites melhores.

Em Gênesis, lemos sobre a criação: "Passaram-se a tarde e a manhã; esse foi o primeiro dia" (1.5b). Biblicamente, nosso dia começa de fato na noite anterior. Depois que aprendi a fazer com que meus afetos se voltassem para ele todas as noites, descansando em sua presença, uma paz incrível se apoderava de mim e me facilitava o sono. Mesmo quando acordava no meio da noite, podia simplesmente redirecionar para ele os afetos de meu coração.

Certa noite, deixei de lado essa prática de afeto. Em vez de voltar meu coração para Deus, lutei com uma questão em minha mente até não conseguir mais pegar no sono. Quando me levantei pela manhã, senti como se o Senhor me dissesse: "A preocupação tomou o lugar da adoração".

Como filho de Deus, meu lugar é assentado em uma mesa de adoração. Naquela noite, optei por dar lugar ao medo, à ansiedade e à preocupação. Eu precisava me reposicionar, voltar ao lugar da adoração na presença de Deus que havia se tornado meu lar. Ser um adorador (não um cara ansioso) é o que me coloca em uma posição adequada para orar com eficiência.

> Mantenham o pensamento nas coisas do alto, e não nas coisas terrenas [que têm apenas valor temporal].
>
> Colossenses 3.2

Qual sua rotina antes de se deitar? Que pensamentos enchem sua mente ao adormecer? O que você poderia fazer para se concentrar intencionalmente em sua afeição por Deus todas as noites, experimentando sua presença pacífica?

Portões de louvor

Em toda a tua terra não se tornará a falar em violência, tampouco em devastação e extermínio nas tuas fronteiras. Aos teus muros chamarás: Salvação, e aos teus portões: Louvor.

Isaías 60.18 (KJA)

Jesus veio para me dar vida.

Isaías 60 oferece-nos uma imagem marcante da cidade espiritual de Sião. Ao redor dessa cidade há muros chamados Salvação com portões de Louvor. Em Apocalipse, os portões são feitos de uma única pérola maciça (v. Apocalipse 21.21). A pérola é produto de uma irritação ou do conflito. Para nós, cristãos, conflito é o fato de vivermos com a tensão de saber que Deus é absolutamente bom o tempo todo, enquanto vivenciamos circunstâncias que podem ser tudo, menos boas.

Quando conseguimos louvá-lo no meio da tribulação, sem saber todas as respostas e sem manipular ou redefinir a natureza de Deus, quando o louvamos exaltando verdadeiramente sua natureza, esses momentos são de louvor sacrificial. É nesse sacrifício que a pérola — a porta de Isaías 60 — é formada.

O portão é um local de acesso. É pelos nossos portões de louvor que entra o Rei da glória para intervir em uma situação. Muitos já adquiriram as muralhas da salvação, mas não há um ponto de entrada, por onde Deus possa intervir, porque não são capazes de louvá-lo em circunstâncias que não entendem.

Em Salmos 87.2, está escrito: "Ele [o Senhor] ama as portas de Sião mais do que qualquer outro lugar de Jacó". Como um portão poderia ser comparado a uma habitação? Nesse contexto, o portão do louvor é onde sua presença repousa, onde o Rei habita. O portão se forma quando nos elevamos acima do raciocínio humano e da exigência de uma explicação para o problema e ingressamos em um patamar de profunda confiança. Em meio ao que não podemos explicar, agarramo-nos à verdade de que Deus é bom o tempo todo. O devorador quer que você redefina Deus pelas lentes de suas circunstâncias, mas Deus não é o devorador. Jesus veio para dar vida.

Meu Deus! Meu Deus!
Por que me abandonaste?

Por que estás tão longe de salvar-me,
tão longe dos meus gritos de angústia?
Meu Deus!
Eu clamo de dia, mas não respondes;
de noite, e não recebo alívio!
Tu, porém, és o Santo,
és rei, és o louvor de Israel.

SALMOS 22.1-3

Onde estão as portas do louvor em sua vida? Reserve algum tempo para se lembrar dos momentos de sua história com Deus em que você ofereceu a ele um sacrifício de louvor. Imagine esses lugares agora como portões por onde a presença dele pode entrar para transformar sua vida.

Devoção contínua

Ame o Senhor, o seu Deus, de todo o seu coração, de toda a sua alma [pensamento], de todo o seu entendimento e de todas as suas forças.

Marcos 12.30

Deus nos colocará nas alturas, livrando--nos de qualquer tipo de problema.

Há uma piada antiga sobre um casal que foi visitar um conselheiro para tratar de seu relacionamento. A esposa está chateada porque o marido nunca diz a ela que a ama. Exasperado, o marido responde: "Eu disse a ela que a amava no dia do nosso casamento, e nada mudou desde então!".

Achamos graça apenas porque sabemos que o amor não funciona assim. Quando somos casados, declaramos nosso amor ao cônjuge com frequência, às vezes várias vezes por dia. Não repetimos a declaração porque algo mudou ou por pensar que nosso cônjuge tenha se esquecido. Trata-se de uma oportunidade de voltarmos a nos concentrar em nossa aliança de amor com mais frequência.

O Senhor valoriza esse tipo de devoção contínua. A Bíblia diz: "Porque ele me ama, eu o resgatarei; eu o protegerei [pô-lo-ei em segurança], pois conhece o meu nome" (Salmos 91.14). Deus nos convida a fixar nele o afeto de nosso coração, a fim de aprendermos a nos ancorar continuamente em nossa devoção a ele.

Em Atos 2, é dito que os discípulos "se dedicavam ao ensino dos apóstolos e à comunhão, ao partir do pão e às orações" (v. 42). Apesar da perseguição que enfrentavam, os cristãos se dedicavam continuamente à sua aliança com Deus e, a partir daí, colhiam frutos incríveis.

Algo acontece quando nossa afeição por Deus é contínua e renovada ao longo do dia. Ele é tão amoroso que é atraído pelo nosso afeto. Ele responde com sua presença e sua proteção.

Sempre que passarmos por uma situação difícil, podemos parar e direcionar nosso afeto para ele até sentirmos sua presença repousando sobre nós. Quer ele apareça de uma nova maneira, quer nos tornemos mais conscientes de sua presença, o fato de intencionalmente colocarmos nosso amor nele muda muita coisa.

Conhecemos seu nome. Ele nos colocará nas alturas, livrando-nos de qualquer tipo de problema.

Amem o Senhor, todos
vocês, os seus santos!
O Senhor preserva os fiéis,
mas aos arrogantes dá o que merecem.

Salmos 31.23

Como você poderia desenvolver esse afeto como uma prática diária? Seja deixando um lembrete no celular, seja espalhando notas para você mesmo por toda a casa, pense em uma forma de exercitar a prática de direcionar sua afeição para o Senhor continuamente durante o dia. Como você sente a presença dele quando faz isso? Qual o fruto dessa prática intencional?

Frutificando no louvor

O Senhor é a minha força e a minha canção; ele é a minha salvação! Ele é o meu Deus, e eu o louvarei; é o Deus de meu pai, e eu o exaltarei!

Êxodo 15.2

Olharemos para Deus como nosso libertador, e nada nos abalará.

Em hebraico, Judá significa "louvor", e Efraim quer dizer "frutífero", "fértil", "produtivo". No livro de Zacarias, Deus une a ideia de fecundidade com a de louvor. Ele diz: "Quando eu curvar Judá como se curva um arco e usar Efraim como flecha, [...] farei Sião semelhante à espada de um guerreiro" (9.13). O louvor é onde encontramos a força.

Digamos que soubemos de um fato angustiante, que entramos em conflito com um amigo, que o médico tem más notícias ou que passamos por uma decepção na carreira. Em meio a tudo isso, podemos parar e optar por oferecer um sacrifício de louvor que produza frutos em nossa vida. Podemos reconhecer que ele é Deus, que está no trono e que nada está fora de sua atenção ou cuidado. Todas as promessas de sua Palavra nos pertencem, e podemos honrá-lo em meio à nossa dor. Mesmo que não saibamos como tudo se resolverá, podemos dedicar a ele uma oferta de confiança.

A Bíblia chama essa oferta de "força" e essa escolha de "frutificação". Mesmo que não nos sintamos assim, quando reconhecemos a soberania de Deus – seu controle sobre todas as situações –, estamos nos engajando na batalha da vida. Nosso coração não está concentrado nos problemas: está concentrado nele. Entregamos os problemas em suas mãos, confiando que ele trará a solução.

Judá se tornará como um "vigoroso cavalo de guerra" (Zacarias 10.3). Os cavalos usados na guerra não têm medo do conflito. Eles entram na briga. Mesmo com as dificuldades ao redor, eles mantêm o foco. É assim que o Senhor descreve seu povo quando este o adora.

Ele disse que nos tornaremos como cavalos de guerra. Ouviremos a Palavra do Senhor e, independentemente do que estiver acontecendo ao nosso redor, não seremos abalados. Confiamos em quem Deus é e no que ele nos prometeu. Olhamos para ele como nosso Libertador, e nada nos abalará.

Aleluia!
Como é feliz o homem que teme o Senhor
e tem grande prazer em seus mandamentos! [...]
Não temerá más notícias;
seu coração está firme,
confiante no Senhor.
O seu coração está seguro e nada temerá.
No final, verá a derrota dos seus adversários.

Salmos 112.1,7-8

Você está ciente da soberania de Deus ao se engajar em sua batalha? Como você poderia desviar o foco do problema para aquele que o livrará?

Ventos da adversidade

O Senhor o guiará constantemente; satisfará os seus desejos numa terra ressequida pelo sol e fortalecerá os seus ossos. Você será como um jardim bem regado, como uma fonte cujas águas nunca faltam.

Isaías 58.11

Tudo em nós foi perfeitamente projetado para mostrar Deus ao mundo.

Tanto as circunstâncias favoráveis quanto a provação nos levam a algum lugar. Somos como barcos à vela: o lugar para onde os ventos da adversidade e da bênção nos levam é determinado pela maneira como manejamos a vela e o leme de nosso coração. Ambas as experiências são planejadas para nos aprofundar mais em Deus.

Monitorar nosso coração — nossos sistemas de valores, atitudes e confissões — é a maneira de ajustarmos o leme e a vela. O favor e a provação podem nos tornar o melhor exemplo possível de Jesus. Entretanto, se nosso leme estiver mal ajustado, as circunstâncias favoráveis podem nos levar à autopromoção e a provação pode nos conduzir à autocomiseração.

Um dos melhores exemplos disso é a vida de Salomão. Ele obteve provavelmente o nível mais incomum de favorecimento já visto na Terra. O objetivo desse favor era levá-lo a se tornar tudo que ele foi planejado para ser — uma representação perfeita e completa do coração e da natureza de Deus. Mas algo entrou em seu coração e distorceu o propósito divino em sua vida. O rei Salomão amava muitas mulheres (v. 1Reis 11.1). Ele se casou com mulheres estrangeiras para obter favores daqueles reinos. Em vez de se apoiar no Senhor, ele tentou obter por si mesmo a autopromoção que Deus já lhe havia concedido.

Os ventos da adversidade nos dão uma escolha. Podemos nos inclinar para o medo — violando nosso desígnio — ou então confiar que cada momento foi divinamente orquestrado para que possamos mostrar a vitória de Cristo em determinada situação.

Jesus Cristo ressuscitou dos mortos. Ele não precisa de nossas escolhas para validar esse milagre. Mas quando oramos pelos doentes e eles são curados, isso é uma demonstração do poder da ressurreição de Jesus. Quando vencemos um vício pessoal, isso é uma demonstração do poder de sua ressurreição. Sempre que enfrentamos uma batalha mental e decidimos obedecer ao Senhor, não importa o que aconteça, até experimentarmos uma vitória duradoura, estamos demonstrando o poder da ressurreição. Tudo em nós foi perfeitamente projetado para mostrá-lo ao mundo.

> Vocês são salvos [na verdade, foram liberados do julgamento e receberam a vida eterna] pela graça [a notável compaixão e favor de Deus que o atrai a Cristo], por meio da fé, e isto [a salvação] não vem de vocês [não é por esforço próprio], é dom [imerecido, gracioso] de Deus; não por [suas] obras [tentativas de cumprir a Lei], para que ninguém se glorie [ou possa se vangloriar de sua salvação].
>
> Efésios 2.8-9

Em que direção os ventos favoráveis o levaram? E quanto aos ventos da provação? Como você posicionaria o leme e a vela de seu coração na confiança, gratidão e adoração, de modo que — não importa o que aconteça — esses ventos o empurrem mais profundamente para Deus?

Coração cheio de fé

O sábio conquista a cidade dos valentes e
derruba a fortaleza em que eles confiam.

Provérbios 21.22

A fé ousada apoia-se nos ombros
da confiança tranquila.

O texto de Provérbios oferece uma visão incrível sobre estratégias para a transformação de linhagens familiares, cidades e nações. Uma cidade murada seria inacessível a um indivíduo, mas nesse versículo a sabedoria humana permite que ele destrua uma fortaleza extremamente segura. O objetivo de Deus em toda a Escritura é nossa confiança nele. Ela é fundamental para nosso relacionamento com ele, pois "sem fé é impossível agradar a Deus" (Hebreus 11.6a). A Bíblia não diz "sem adoração", "sem oração" ou mesmo "sem ler a Bíblia". Todas essas práticas são essenciais à nossa caminhada com o Senhor, mas o versículo diz "sem fé".

Deus é a pessoa mais confiável do Universo, e não confiar naquele que é digno de confiança é atentar contra a criação. Nossa confiança é uma dívida que temos para com ele. Somos obrigados a refletir sua fidelidade por meio de nossa confiança. Nesse sentido, as fortalezas são tudo aquilo em que confiamos e que não seja Deus. Essas fortalezas se tornam particularmente evidentes quando passamos por dificuldades.

Quando estamos aflitos, qualquer coisa que buscamos que não seja Deus já tomou o lugar dele. Para alguns, são os esportes, as conquistas, o abuso de substâncias ou mesmo atividades recreativas. Algumas dessas coisas são acréscimos maravilhosos à nossa vida, mas quando se tornam aquilo a que recorremos quando estamos com problemas, elas usurpam nossa dependência do Senhor. Quando esse é o caso, podemos até declarar nossa crença na existência de Deus, mas nosso estilo de vida testemunha o contrário.

Quando Jesus disse ao jovem rico: "Venda os seus bens e dê o dinheiro aos pobres", não era uma questão de dinheiro, mas de confiança (v. Mateus 19.21). Ele precisava vender tudo para seguir Jesus. Sabemos que Maria, Marta e Lázaro eram muito ricos, porém Jesus nunca lhes ordenou que doassem sua riqueza. Quanto dinheiro seria demasiado? Qualquer quantia que substituir nossa confiança e dependência.

Jesus sempre trata do coração porque é do coração que vem a confiança. A fé não provém da mente, mas do coração. E a fé ousada se apoia nos ombros da confiança tranquila.

Pois com o coração se crê para justiça, e com a boca se confessa para salvação.

ROMANOS 10.10

Que coisas você está confiando a Deus na fase atual de sua vida? Como tem sido a jornada de confiança para você? A que você recorre para receber conforto nos momentos de dificuldade? Aproveite esse tempo para derrubar quaisquer redutos de confiança em sua vida.

Um povo unido

Irmãos, em nome de nosso Senhor Jesus Cristo suplico a todos vocês que concordem uns com os outros no que falam, para que não haja divisões entre vocês; antes, que todos estejam unidos num só pensamento e num só parecer.

1Coríntios 1.10

Um povo unido é capaz de suportar qualquer pressão.

Podemos aprender muito com a igreja primitiva sobre como lidar com conflitos. Depois de serem presos por pregar o Evangelho, os apóstolos saíram da prisão "alegres por terem sido considerados dignos de serem humilhados por causa do Nome. Todos os dias, no templo e de casa em casa, não deixavam de ensinar e proclamar que Jesus é o Cristo" (Atos 5.41-42). Em meio à perseguição, eles se reuniam diariamente no templo e nas casas de outros cristãos, e assim recebiam força da comunidade.

Fomos criados para fazer parte do Corpo de Cristo. Precisamos prestar contas a outras pessoas. Sem isso, seremos como um membro deslocado — podemos estar exercendo nossos dons espirituais, mas incapazes de realizar um bem duradouro para o Reino. Podemos declarar que temos o fruto do Espírito, mas só em comunidade descobrimos se isso é mesmo verdade.

Os discípulos valorizavam a comunidade de cristãos, mas a Igreja estava crescendo rapidamente, e algumas viúvas gregas estavam sendo negligenciadas (v. Atos 6.1). Até então, todos os conflitos da igreja primitiva eram causados por fatores externos — o Sinédrio, os líderes políticos, a sinagoga —, o que mantinha unida a nova comunidade. Mas, pela primeira vez, os discípulos enfrentaram um desafio que tinha o potencial de acabar com tudo que haviam realizado juntos: um conflito interno.

Os apóstolos rapidamente lidaram com a situação e designaram pessoas para atender àquela necessidade, porque recusavam qualquer distração ao chamado de Deus para a vida deles. Alguns versículos adiante, vemos o fruto da resolução do conflito: "Assim, a palavra de Deus se espalhava. Crescia rapidamente o número de discípulos em Jerusalém; também um grande número de sacerdotes obedecia à fé" (Atos 6.7).

As dificuldades unem as pessoas. Quando há união diante da oposição, os laços são fortalecidos. Isso fica evidente na esteira de nossas tragédias nacionais. Deus não causou esses acontecimentos horríveis nem a perseguição à igreja primitiva, mas ele sabe usar os conflitos para criar unidade. Um povo unido é capaz de suportar qualquer pressão.

Como prisioneiro no Senhor, rogo-lhes que vivam de maneira digna da vocação que receberam. Sejam completamente humildes e dóceis, e sejam pacientes, suportando uns aos outros com amor. Façam todo o esforço para conservar a unidade do Espírito pelo vínculo da paz.

Efésios 4.1-3

Quem o responsabiliza por suas ações?
Em quem você confia mais que em você mesmo?
Como você poderia fortalecer os vínculos
de sua comunidade no momento atual?

Alegre-se sempre

Meus irmãos, considerem motivo de grande alegria o fato de passarem por diversas provações, pois vocês sabem que a prova da sua fé produz perseverança. E a perseverança deve ter ação completa, a fim de que vocês sejam maduros e íntegros, sem que falte a vocês coisa alguma.

Tiago 1.2-4

Somos alguém a quem Deus pode confiar a si mesmo.

Os músculos da integridade e do caráter se desenvolvem no exercício das decisões diárias em face dos desafios. Quando você pratica halterofilismo, usar um peso leve pode aumentar o tônus, mas não desenvolverá os músculos. É só quando você levanta um peso que ultrapassa os limites de sua capacidade – mesmo que consiga levantá-lo poucas vezes – que o ponto máximo é alcançado. É o levantamento de peso mais rigoroso que desenvolve a força física.

Toda vez que enfrentamos uma situação difícil, há um convite para desenvolvermos nosso caráter. Deus nunca nos desafia com o objetivo de nos envergonhar ou de zombar de nós, intimidar-nos ou nos humilhar. Mas ele nos dá oportunidades de nos tornarmos mais parecidos com Cristo e de estar em condições de adquirir mais força.

Em 1Tessalonicenses 5.16-18, Paulo instrui: "Alegrem-se sempre. Orem continuamente. Deem graças em todas as circunstâncias, pois esta é a vontade de Deus para vocês em Cristo Jesus". O clamor predominante em nosso coração é conhecer a vontade de Deus para nossa vida. Muitas vezes, essa oração é reduzida ao desejo de saber o que Deus quer que façamos em nossa carreira ou com quem ele quer que nos casemos.

Tais orações são legítimas, porém Deus não está tão preocupado com esses detalhes quanto com a postura de nosso coração. Esse versículo diz explicitamente qual é a vontade de Deus para nós: "Alegrem-se sempre. Orem continuamente. Deem graças em todas as circunstâncias".

Poderíamos passar o resto da vida aprendendo a viver esses tres princípios. Seguir suas instruções é um trabalho de tempo integral. Viver de acordo com a vontade de Deus dessa maneira significa reagir de forma disciplinada a todos os níveis de dificuldade e oportunidade e aos desafios que surgem em nosso caminho por meio da alegria.

Nossas escolhas e nossa reação às circunstâncias da vida ajudam a desenvolver nosso caráter. É nosso caráter que Deus quer fortalecer, a fim de que sejamos capazes de suportar o peso do que ele está fazendo na Terra. Ele está procurando pessoas a quem possa confiar a si mesmo.

O fruto do Espírito é amor, alegria, paz, paciência, amabilidade, bondade, fidelidade, mansidão e domínio próprio. Contra essas coisas não há lei.

GÁLATAS 5.22-23

Você já reagiu a uma situação com algo diferente de alegria? Considere como essa reação, não apenas a circunstância em si, afetou sua força. Como você poderia desenvolver a disciplina da alegria em sua vida?

No abrigo do Todo-Poderoso

O Senhor é a minha rocha, a minha fortaleza e o meu libertador; o meu Deus é o meu rochedo, em quem me refugio. Ele é o meu escudo e o poder que me salva, a minha torre alta.

Salmos 18.2

Encontramos abrigo contra a tempestade à sombra de sua presença.

O salmo 91 é uma poderosa celebração da proteção de Deus. Ele começa assim: "Aquele que habita no abrigo do Altíssimo e descansa à sombra do Todo-poderoso [...]" (v. 1). Não é apenas uma questão de teologia. Quando o salmista fala de habitar em um lugar secreto, ele está se referindo a um estilo de vida. É a decisão contínua de manter a consciência da presença permanente do Espírito Santo. A *Passion Translation* [Tradução da Paixão] descreve essa condição como viver "em união de vida" com Deus (v. João 15.7). É assim que permanecemos "à sombra do Todo-Poderoso".

Muitos ficam aquém de um encontro divino porque se satisfazem com uma boa teologia. Mas a Palavra é um convite a conhecer a pessoa de Deus. O esforço de nosso coração deve ser a descoberta da presença manifesta de Deus, como filhos dedicados e vasos submissos. Devemos ajustar nosso pensamento, nossas expectativas e nossas orações de acordo com a maneira de pensar de Deus. Ele não se intimida com nada.

Quando estamos lutando contra o medo ou lidando com alguma circunstância desafiadora, pode parecer que estamos confinados à escuridão, longe da luz. Tendemos a interpretar as circunstâncias pela nossa perspectiva natural e assim confundir a escuridão com isolamento e confusão. Mas, como diz Corrie Ten Boom, "quando se está coberto por suas asas, pode ficar bem escuro". Às vezes, está escuro porque Deus está muito próximo. Outras vezes, a proximidade dele é que faz com que as demais coisas fiquem desfocadas.

As Escrituras dizem que você está à sombra do Todo--Poderoso. Portanto, as pessoas que direcionam sua afeição para a manifestação contínua da presença permanente do Espírito estão em uma morada segura. Mesmo quando está escuro, podemos descansar no fato de que a escuridão é apenas um testemunho de sua proximidade. À sombra de sua presença, encontramos abrigo seguro contra a tempestade.

Para sempre anseio habitar na tua tenda
e refugiar-me no abrigo das tuas asas.

SALMOS 61.4

Como você experimentou a proximidade de Deus em um período de trevas? Como sentiu a presença protetora dele sobre você? Lembre-se de maneiras pelas quais Deus veio ao seu encontro — por encontros com ele próprio ou pelo amor de outras pessoas — quando você estava em dificuldades.

Esperança sobrenatural

"Sou eu que conheço os planos
que tenho para vocês", diz o Senhor,
"planos de fazê-los prosperar e não de causar dano,
planos de dar a vocês esperança e um futuro".

Jeremias 29.11

Temos todos os motivos para ter esperança porque a Esperança das nações vive em nós.

Nenhum de nós conhece os caminhos de Deus o suficiente para dissecar como ele nos levará à superação pela qual ansiamos. Todos nós provavelmente temos testemunhos de que o Senhor responde a orações aparentemente insignificantes enquanto ainda estamos lutando pelo grande livramento.

No entanto, cada resposta à oração — não importa quão pequena seja —, todo sonho ou desejo realizado, toda a satisfação que recebemos na vida, tudo isso revela a verdade de Deus. A Terra está clamando para conhecer o Pai pelo que ele realmente é. Devemos à humanidade uma vida que exale extrema esperança.

A palavra bíblica "esperança" é muito diferente de seu uso cultural nos dias de hoje. Geralmente, usamos essa palavra como sinônimo de "desejo": "Espero que haja uma vaga no estacionamento. Espero que aquela pessoa me ligue. Espero que aquela oportunidade de emprego apareça". A esperança bíblica, entretanto, é algo muito mais poderoso.

A esperança, nas Escrituras, pode ser traduzida como "a alegre antecipação do bem". Em outras palavras, quando temos esperança, vivemos na expectativa, exultantes de alegria, porque sabemos o que está por vir. Essa esperança de fato se torna um ambiente no qual a fé floresce, um meio que atrai as promessas de Deus.

Todos nós já passamos por situações em que a esperança parece distante. Talvez saibamos o suficiente para dizer as coisas certas, dar a resposta espiritual ou fazer as orações corretas, mas em nosso coração temos de encarar o fato de que a desesperança consumiu uma parte de nossa vida.

Paulo escreve que Abraão "contra toda esperança, em esperança creu" (Romanos 4.18a). Ele teve a experiência de ver a esperança natural — que se limita à razão humana — ser tragada pela esperança divina, que não conhece limitações. Em vez de apenas manter uma atitude positiva com relação à vida, devemos adotar a esperança sobrenatural. Isso nos permite ver profeticamente os propósitos e planos de Deus para nossa vida. Nossa vida é um instrumento da vontade de Deus. Temos todos os motivos para ter esperança, porque a Esperança das nações vive em nós.

A ele quis Deus dar a conhecer entre os gentios a gloriosa riqueza deste mistério, que é Cristo em vocês, a esperança da glória.

Colossenses 1.27

Pelo que você espera? De que maneira você poderia expressar a alegria de realizar esse desejo antes de ele ser de fato cumprido? Peça a Deus que lhe mostre a esperança dele para sua vida!

NÃO É UMA OPÇÃO

Não me envergonho do Evangelho, porque é o poder de Deus para a salvação de todo aquele que nele crê; primeiro do judeu, assim como do grego.

ROMANOS 1.16 (KJA)

Não nos curvaremos a realidades inferiores, porque sabemos o que Deus disse e fez.

Em Atos, Pedro e João foram presos por anunciar Jesus. Arrastados ao tribunal no dia seguinte, eles foram questionados sobre o poder por trás de seu ousado ensino público. Pedro, cheio do Espírito Santo, compartilhou com eles a verdade de Jesus, e os líderes religiosos ficaram atônitos: "Vendo a coragem de Pedro e de João e percebendo que eram homens comuns e sem instrução, ficaram admirados e reconheceram que eles haviam estado com Jesus" (Atos 4.13).

Há na caminhada com a pessoa de Jesus algo que compensa com sobras qualquer deficiência e fraqueza. De fato, nossa incapacidade, uma vez rendida, gloria-se da capacidade de Deus. Somos convidados a entrar nesse relacionamento sempre que enfrentamos uma situação difícil. Nesses momentos, precisamos voltar às raízes de nossa fé: o poder do evangelho de Jesus Cristo.

Pedro e João receberam ordem de não falar de Jesus, mas os apóstolos responderam: "Não podemos deixar de falar do que vimos e ouvimos" (Atos 4.20). Falar das coisas de Deus não era uma opção. Eles não podiam deixar de fazê-lo, pois haviam vislumbrado o Pai. A maior realidade do Universo é a presença do Cristo ressuscitado. Apesar de presos e enviados a julgamento, Pedro e João se recusaram a preencher a mente com a realidade inferior das circunstâncias. Não havia opção para eles, senão anunciar o Evangelho.

Os momentos de provação são convites para nos comprometermos outra vez em viver sem alternativas. Fomos intencionalmente projetados pelo Senhor para o momento atual. Fomos preparados — quer nos sintamos assim, quer não — ao longo de toda a nossa vida para a vitória neste momento. Mesmo que nosso passado pareça confuso, cada momento é agora uma ferramenta nas mãos de Deus para nos transformar em um instrumento de justiça na Terra. O povo de Deus deve dizer: "Não podemos deixar de falar do que vimos e ouvimos. Não nos curvaremos a realidades inferiores, porque sabemos o que Deus disse e fez".

> Por isso não desanimamos. Embora exteriormente estejamos a desgastar-nos, interiormente estamos sendo renovados dia após dia [...].
>
> 2Coríntios 4.16

Que fraqueza você gostaria de entregar hoje para ver a força de Deus revelada? O que você não pode deixar de falar aos outros a respeito dele? Peça a Deus que lhe mostre como ele o preparou para o momento atual.

Propósito divino

Mostra-me, Senhor, os teus caminhos, ensina--me as tuas veredas; guia-me com a tua verdade e ensina-me, pois tu és Deus, meu Salvador, e a minha esperança está em ti o tempo todo.

Salmos 25.4-5

A voz de Deus dissemina vida em todas as situações.

Salomão é notável por sua sabedoria, concedida por Deus. E ele diz acerca de sua história pessoal e das prioridades com as quais seus pais o criaram: "Quando eu era menino, ainda pequeno, em companhia de meu pai, um filho muito especial para minha mãe, ele me ensinava e me dizia: [...] 'Procure obter sabedoria e entendimento; não se esqueça das minhas palavras nem delas se afaste' " (Provérbios 4.3-5).

Salomão é a única pessoa registrada na Bíblia a quem Deus ofereceu a escolha de obter qualquer coisa que quisesse. Ele foi o único a quem foi dada essa oportunidade, possivelmente por ser o único preparado para fazer a escolha certa. Davi o havia preparado para ser importante treinando-o nas coisas mais significativas.

Então o Senhor apareceu a ele, e Salomão escolheu a sabedoria. Se você estudar o idioma original, o que Salomão realmente escolheu foi "um ouvido atento". Salomão sabia que Deus era a fonte de toda sabedoria, por isso queria apenas ter certeza de que poderia perceber claramente o que o Senhor dizia. Como suas prioridades estavam corretas, ele recebeu sabedoria em um nível que ultrapassava tudo que o mundo já tinha vista.

O detalhe bizarro é que Salomão acordou e percebeu que o encontro com o Senhor fora um sonho. Isso significa que Deus confiou a Salomão uma decisão dessa magnitude enquanto este dormia. Quando convivemos com esse tipo de desígnio divino, podemos ser completamente absorvidos pelo fato de estarmos vivos.

Em Cântico dos Cânticos, Salomão escreve: "Eu estava quase dormindo, mas o meu coração estava acordado" (5.2a). Essa revelação provavelmente veio de sua história pessoal. Ele percebeu que podemos dormir com um propósito tão divino a ponto de a verdade se tornar parte de quem somos.

Nossa busca pela presença de Deus não é um fato que lembramos ou um versículo que citamos: é nossa razão de ser. É o motivo pelo qual nos levantamos de manhã. É aquilo em que meditamos quando vamos dormir à noite. Não importam quais sejam os desafios ao nosso redor, iremos nos inclinar para Deus com um ouvido atento. Sabemos que é a voz dele que dissemina vida em todas as situações.

A voz do SENHOR ressoa sobre as águas;
o Deus da glória troveja,
o SENHOR troveja sobre as muitas águas.
A voz do SENHOR é poderosa;
a voz do SENHOR é majestosa.

SALMOS 29.3-4

Cite algumas das prioridades com as quais você foi criado. Se você é pai ou mãe, mencione alguns dos valores que incutiu em seus filhos. Hoje à noite, antes de ir para a cama, direcione seu afeto para Deus e ore, como Salomão, para que Deus lhe dê ouvidos que possam distingui-lo claramente.

Escondido nele

Uma coisa pedi ao Senhor e a procuro: que eu possa viver na casa do Senhor todos os dias da minha vida, para contemplar a bondade do Senhor e buscar sua orientação no seu templo. Pois no dia da adversidade ele me guardará protegido em sua habitação; no seu tabernáculo me esconderá e me porá em segurança sobre um rochedo.

Salmos 27.4-5

Não podemos entrar em uma guerra sem antes entrar na intimidade de Deus.

A medida da autoridade espiritual que usamos na guerra é igual à profundidade de nossa intimidade com Deus na adoração. Há uma conexão absoluta em toda a Escritura entre nossa adoração — esse ministério ativo e demonstrado a Deus — e a questão de ter autoridade prática sobre os poderes do Inferno e do reino demoníaco.

Em Salmos 149.6, lemos: "Altos louvores estejam em seus lábios e uma espada de dois gumes em suas mãos". Em toda a Escritura, encontramos essa relação causal entre nossos louvores ao Senhor e a destruição dos poderes do Inferno.

Quando entramos na presença do Senhor sem adoração, quando vamos à igreja como consumidores e críticos, perdemos muito dessa troca divina. Foi-nos dada a incrível honra de entrar em um relacionamento com Deus. É o privilégio de nossa vida poder ministrar pessoalmente a ele. E o resultado é que, à medida que desenvolvemos nossa intimidade com ele, recebemos autoridade sobre os poderes do Inferno.

O sobrenatural invade nossa maneira de clamar por algo. Sabemos que o coração de Deus manda restaurar e redimir, mas talvez não tenhamos visto o cumprimento de sua promessa com um pai doente, um relacionamento desfeito ou um revés financeiro. Mas nós representamos o Rei.

O segredo é você se colocar diante de Deus e orar sinceramente *antes* de enfrentar uma crise pela qual deve orar. Qualquer pessoa pode orar durante uma crise, mas aponte-me alguém que tenha fome sincera pelo livramento da intervenção divina antes que a crise se abata sobre ele, e lhe mostrarei alguém que resolverá a crise quando ela chegar. Se estivermos ancorados em sua presença, estaremos prontos para enfrentar qualquer batalha. Mas não podemos ir para a guerra sem antes entrar na intimidade de Deus.

Aproximem-se de Deus, e ele
se aproximará de vocês!

TIAGO 4.8A

Onde você deseja ver livramentos em sua vida,
na vida de sua família e mesmo no mundo?
De que forma você poderia conhecer mais
intimamente o coração de Deus nessa área?

Disseminando sementes para o futuro

Deus é poderoso para fazer que toda a graça lhes seja acrescentada, para que em todas as coisas, em todo o tempo, tendo tudo o que é necessário, vocês transbordem em toda boa obra.

2Coríntios 9.8

Podemos semear para o futuro, porque conhecemos o Deus da abundância.

A Bíblia está repleta de histórias de pessoas que enfrentaram pragas, perseguições e fome. Em Gênesis 26.1a, lemos: "Houve fome naquela terra, como tinha acontecido no tempo de Abraão". Isaque enfrentou uma grande fome e o temor por sua vida e pela vida de sua família causado pela notícia. No entanto, ele reagiu de forma incomum: "Isaque formou lavoura naquela terra e no mesmo ano colheu a cem por um, porque o Senhor o abençoou" (v. 12).

Há muitos anos, um amigo missionário na África enviou um boletim, no qual escrevera que, pela primeira vez, entendia o significado desta passagem bíblica: "Aqueles que semeiam com lágrimas, com cantos de alegria colherão" (Salmos 126.5). Ele conta que viu mães com crianças amarradas às costas pegando a semente que desejavam comer, por causa da fome, e chorando ao tomar a decisão de plantá-la no solo. Elas sabiam que podiam comer aquela semente e satisfazer a fome de sua família por um momento, mas se a plantassem ela poderia lhes proporcionar uma temporada inteira de refeições.

Diante da possibilidade de uma perda devastadora, Isaque semeou intencionalmente para o futuro. Ele tomou uma decisão que provavelmente pode ter parecido tola para os outros. É natural querer acumular recursos em um momento de crise, mas, em vez disso, ele semeou com fé.

Temos todos os motivos para ter esperança, independentemente das circunstâncias. Nossa motivação é Jesus. Ele venceu todos os inimigos e agora faz com que tudo contribua para o bem daqueles que estão em suas mãos, que amam a Deus e são chamados de acordo com seu propósito (v. Romanos 8.28). Quando estamos cercados de medo e de dúvidas, temos a oportunidade de reagir com esperança e expectativa.

A época de escassez não é ocasião para sermos tolos ou descuidados: é a oportunidade de nos prepararmos para o livramento. Podemos enfrentar o medo da escassez e oferecer a Deus algo que possa insuflar vida. Podemos semear para o futuro, porque conhecemos o Deus da abundância.

A terra da qual vocês vão tomar posse não é como a terra do Egito, de onde vocês vieram e onde plantavam as sementes e tinham que fazer a irrigação a pé, como numa horta. Mas a terra em que vocês, atravessando o Jordão, vão entrar para dela tomar posse, é terra de montes e vales, que bebe chuva do céu. É uma terra da qual o SENHOR, o seu Deus, cuida; os olhos do SENHOR, o seu Deus, estão continuamente sobre ela, do início ao fim do ano.

DEUTERONÔMIO 11.10-12

Qual a sensação de ouvir sobre Isaque e as mulheres da África semeando em meio à fome? O que seria para você, neste momento, semear para o futuro? De que forma você poderia assumir uma posição de esperança e fé confiando no Deus da abundância?

Beleza para as cinzas

[...] para proclamar o ano da bondade do Senhor e o dia da vingança do nosso Deus; para consolar todos os que andam tristes e dar a todos os que choram em Sião uma bela coroa em vez de cinzas, o óleo da alegria em vez de pranto e um manto de louvor em vez de espírito deprimido.

Isaías 61.2-3a

Aconteça o que acontecer, Deus será glorificado e seremos fortalecidos.

A fé cristã está fundamentada na ressurreição de Jesus. Paulo afirma que se nossa fé em Cristo estiver limitada a esta vida, "somos, de todos os homens, os mais dignos de compaixão" (1Coríntios 15.19b). O fato de Jesus ter triunfado sobre a morte é o sólido alicerce de nossa fé.

Mas ele não apenas ressuscitou dos mortos: estabeleceu também o precedente para a ressurreição com seu estilo de vida. Ele arruinou todos os funerais dos quais participou, até mesmo o dele próprio.

Devemos nos recusar a manter Deus como refém de nossos desejos, em qualquer situação. Ele é Deus; nós somos seus filhos. Somos seus servos. Mas foi ele quem nos instruiu a buscar a realidade do Céu. Ele ordenou que buscássemos "em primeiro lugar o Reino de Deus e a sua justiça" (Mateus 6.33a). Com que se parece o Reino? Não é tanto a busca de ir para o Céu. É a busca das soluções de Deus para a morte, a perda e a destruição aqui na Terra.

O Reino de Deus manifestado na Terra é a expressão imediata do domínio de Deus em qualquer situação. Onde há morte, ele traz a ressurreição. Onde há ruptura nos relacionamentos, ele traz a cura. Onde há doença, ele traz a restauração do corpo. Nossa responsabilidade é buscar, antes de tudo e em todas as circunstâncias, a solução de Deus, sua intervenção sobrenatural. Esse é o privilégio de dizer "sim" a Jesus.

Temos nas Escrituras a garantia de que "Deus age em todas as coisas para o bem daqueles que o amam, dos que foram chamados de acordo com o seu propósito" (Romanos 8.28). Esse versículo seria desnecessário se as circunstâncias se alinhassem exatamente com nossos desejos toda vez que oramos. A única razão pela qual essa promessa nos foi dada é porque, às vezes, vamos acertar e, em outras, errar. Haverá ocasiões em que iremos buscar a ressurreição em uma área de nossa vida, mas o livramento não virá. Mas temos de Deus a promessa de que, quando as coisas não acontecem de acordo com o que oramos, Deus ainda será glorificado e nós seremos fortalecidos. Aconteça o que acontecer.

> Trarei o meu povo de volta do cativeiro para a sua terra. Eles construirão de novo as cidades que estavam em ruínas e morarão nelas. Farão plantações de uvas e beberão do seu vinho; cultivarão pomares e comerão as suas frutas.
>
> AMÓS 9.14 (NTLH)

Como o conhecimento da promessa de que você será fortalecido e Deus será glorificado reconfigura seu pensamento sobre qualquer decepção? Onde você, no momento, espera ver o poder da ressurreição? Coloque essas coisas nas mãos dele, sabendo que, se algo não vai bem, ainda não é o fim da história.

A paz de Deus

Irmãos, tudo o que for verdadeiro, tudo o que for nobre, tudo o que for correto, tudo o que for puro, tudo o que for amável, tudo o que for de boa fama, se houver algo de excelente ou digno de louvor, pensem nessas coisas. Ponham em prática tudo o que vocês aprenderam, receberam, ouviram e viram em mim. E o Deus da paz estará com vocês.

Filipenses 4.8-9

A paz é propriedade nossa; é nosso direito de nascença em Cristo.

O Inimigo tenta semear a ansiedade em vários aspectos da vida do cristão. Em primeiro lugar, ele trabalha para nos manter expostos à ansiedade e ao estresse, pois isso prejudica nossa criatividade. Quando vivemos em ansiedade e estresse, nosso foco se limita à sobrevivência: não há espaço para a expressão criativa. O Senhor anseia por expressar quem ele é – sua natureza, beleza e criatividade – na vida de cristãos dedicados. Para fazer isso, precisamos estar livres da ansiedade e do estresse.

Em segundo lugar, o Inimigo tenta atrapalhar nosso relacionamento de primeiro amor com Jesus. Não podemos ficar ansiosos e manter o relacionamento fervoroso com o Senhor que todos nós ansiamos. A ansiedade promove uma realidade inferior à Palavra Deus e a tudo o que ele promete. É certo que o amor é um sentimento que aniquila o medo, mas também é verdade que, se abraçarmos o medo, estaremos permitindo em nossa vida algo que infectará o amor. Nosso relacionamento de primeiro amor com Jesus é o aspecto mais importante de nossa vida (v. Apocalipse 2).

Em terceiro lugar, o Inimigo quer minar nosso senso de identidade. O medo e a ansiedade nos fazem perder o controle das ferramentas e da autoridade que Deus nos concedeu. É possível viver livre da ansiedade e do estresse. Jesus demonstrou isso indo para a cruz e dando graças. Com isso, ilustrou algo muito profundo. Ele não se limitou a manter a cabeça erguida, mas agiu conforme sua identidade de vencedor. Ele entrou em uma situação infernal e saiu absolutamente glorioso.

Se perdermos nossa paz, precisamos descobrir como foi que a trocamos por uma perspectiva inferior. A paz no Reino é muito profunda. É a presença permanente do Espírito de Deus em nossa vida. Ele nunca nos abandonará, mas podemos deixar de lado a percepção que temos dele. No Reino dos Céus, podemos estar no meio de qualquer tipo de crise e manter a paz, porque a paz é uma pessoa. A paz é propriedade nossa; é nosso direito de nascença em Cristo.

Um menino nos nasceu,
um filho nos foi dado,
e o governo está sobre os seus ombros.
E ele será chamado
Maravilhoso Conselheiro, Deus Poderoso,
Pai Eterno, Príncipe da Paz.

ISAÍAS 9.6

Você já sofreu alguma tentativa do Inimigo de semear o medo e a ansiedade em certas áreas de sua vida? A paz de Deus é legalmente sua, então como você poderia voltar atrás e recuperar sua paz, se a perder? Como você poderia experimentar a presença tangível da paz em pessoa?

Invocando o Senhor

Se vocês permanecerem em mim, e as minhas palavras permanecerem em vocês, pedirão o que quiserem, e será concedido.

João 15.7

Fomos projetados para viver uma vida de milagres e revelar o coração de Deus ao mundo.

Fomos criados para receber respostas às orações. Não receber o livramento pelo qual estamos clamando é anormal. Os discípulos sabiam disso quando não conseguiram expulsar o demônio de uma criança (v. Mateus 17.19). Quando oramos, não podemos presumir que a falta de livramento seja a vontade de Deus. A Bíblia diz: "Ele clamará a mim, e eu lhe darei resposta" (Salmos 91.15a). Essa é a promessa. Portanto, se não tivermos visto progresso, precisamos perguntar a Deus o que ele está fazendo.

Cada um de nós começou sua vida em Cristo com essa troca. Se eliminarmos todos os nossos dons espirituais, toda a nossa história com Deus, permanece um denominador comum: clamamos ao Senhor, e ele nos ouve e nos salva. Nossa vida em Cristo começou com uma resposta à oração. Clamamos a Deus, e ele realizou o maior milagre que veremos em nossa vida — a salvação de nossa alma. Nossa vida começou com um milagre, e esse alicerce não foi feito para ser abalado.

Deus nos promete: "Ele clamará a mim, e eu lhe darei resposta, e na adversidade estarei com ele; vou livrá--lo e cobri-lo de honra. Vida longa eu lhe darei, e lhe mostrarei a minha salvação" (Salmos 91.15-16). Deus não diz que não passaremos por momentos difíceis. De fato, esse versículo diz especificamente que às vezes teremos problemas. Mas ele está conosco. A mesa da comunhão está em sua presença, e ele promete não só nos libertar e proteger, mas também nos honrar como um dos seus. Ele nos marca com sua bênção e nos recompensa com uma vida longa.

O versículo não nos promete uma vida longa em termos de mera sobrevivência. Deus nos promete uma vida longa cheia de satisfações. Nossa vida em Cristo nunca foi concebida para ser reduzida a suportar a rotina da disciplina e da comunhão cristãs. Fomos criados para a aventura da fé e no fim trazer a colheita, para sua glória.

Fomos projetados para viver uma vida de milagres e revelar o coração de Deus ao mundo.

Peçam e vocês receberão; procurem e vocês acharão; batam, e a porta será aberta para vocês.

Mateus 7.7 (NTLH)

Por qual milagre você está lutando neste momento? Mesmo que não esteja experimentando livramentos nessa área ainda, onde você percebe Deus agindo em sua vida? De que maneira você está ouvindo a voz de Deus e experimentando o amor dele?

A ORAÇÃO DE PEDRO

E, se o que estava se desvanecendo se manifestou com glória, quanto maior será a glória do que permanece! Portanto, visto que temos tal esperança, mostramos muita confiança.

2Coríntios 3.11-12

Deus, dá-nos toda a ousadia!

Em Atos 4, Pedro faz uma das orações mais corajosas encontradas na Bíblia. A ousadia com que ele pregava o Evangelho já era conhecida (v. 13). No entanto, depois que ele e João foram aprisionados e ameaçados, Pedro não orou por palavras mais ousadas ou mesmo para que Deus os livrasse daquela situação: ele orou por uma ousadia ainda maior. Pediu a Deus que intensificasse as coisas, que lhes desse mais daquilo que os levara à prisão, para início de conversa.

Muitas vezes, ao deparar com a oposição, podemos nos sentir intimidados. Caímos na armadilha de comprometer nossa fé para evitar conflitos. No entanto, o que realmente precisamos nessas situações é de uma medida maior de ousadia. Não devemos ter jamais a intenção de ser ofensivos ou desagradáveis em nossa maneira de agir, mas precisamos do tipo de coragem que se ergue diante da incredulidade e declara quem Jesus é e o que ele nos prometeu.

Há uma história sobre um piloto de testes no Reino Unido que havia levantado voo com um novo avião. O interior ainda estava inacabado, por isso a fiação e a tubulação estavam expostas. De repente, o piloto percebeu que um rato estava mastigando um tubo de combustível. Sabendo que não tinha tempo para pousar em segurança, levou o avião para uma altitude maior. Ele sabia que tinha oxigênio, mas o rato não tinha. Então ele conduziu a aeronave até uma altura em que o rato não poderia sobreviver.

Quando percebemos um rato a bordo — um obstáculo ou uma mentira do Inimigo tentando intervir no destino que Deus traçou para nós — não é hora de pousar o avião. Precisamos alçar voos mais altos. Em momentos difíceis, não precisamos de um evangelho palatável, mas que a plenitude de Jesus Cristo seja exibida. Cada problema que enfrentamos é um convite de Deus para subirmos mais um pouco, a fim de nos tornarmos ainda mais quem devemos ser nele. Precisamos da oração de Pedro: Deus, dá-nos toda a ousadia!

O ímpio foge, embora ninguém o persiga, mas
os justos são corajosos como o leão.

PROVÉRBIOS 28.1

Em que áreas de sua vida ou com quem você já experimentou o medo humano? Que oposição você está enfrentando hoje? O que significa para você assumir "toda a ousadia"? O que você faria para conduzir seu avião a uma altitude maior, para sufocar uma mentira do Inimigo?

O Deus da abundância

O Senhor te abençoe e te guarde;
o Senhor faça resplandecer o seu rosto
sobre ti e te conceda graça; o Senhor volte
para ti o seu rosto e te dê paz.

Números 6.24-26

Fazemos parte de um exército de pessoas que mudam o mundo e definem a natureza dele por causa da esperança que carregamos.

Nosso clamor por você é que em cada área da vida, em cada lugar onde a desesperança o tenha influenciado, ela morra e seja tragada pela promessa e pela esperança divinas. Deus nunca foi o Deus apenas do suficiente. Ele providenciou comida em abundância toda vez que alimentou as multidões (v. Mateus 14.20). Não fomos destinados a ter como objetivo apenas sobreviver.

Oramos para que a esperança divina consuma a esperança natural na área das finanças pessoais. Oramos para que um espírito de livramento atue na vida daqueles que precisam muito experimentar a libertação econômica.

Oramos por seus relacionamentos familiares, para que a próxima fase seja a da esperança restaurada para os membros perdidos da família, ou para aqueles que estão lidando com doenças ou estão em crise. Jesus é aquele que restaura corações e mentes quebrantados. Não há uma única situação irremediável em nossa linhagem familiar.

Oramos pelos sonhos de seu coração, aqueles desejos tão enterrados que é quase vergonhoso falar sobre eles. Oramos para que a próxima fase seja aquela em que Deus sopre sobre as impossibilidades de sua vida. A Bíblia diz que o Reino de Deus é como um grão de mostarda (v. Mateus 13.31). Uma semente de mostarda não é muito impressionante. Coloque-a sobre a mesa, e ela não fará coisa alguma. Mas no ambiente certo ela crescerá até se tornar um local de refúgio para outras criaturas. Há uma manifestação do Reino em você que anseia por ser plantada. Quando isso acontecer, você oferecerá segurança, abrigo e proteção a outras pessoas. O mundo está clamando para que a plenitude de quem você é se manifeste.

Oramos para que essa esperança contagiosa envolva totalmente seu lar, sua cidade e sua nação. Que você se torne parte de um exército capaz de mudar e de definir a natureza do mundo em que você vive por causa da esperança que você carrega. Amém.

Por essa razão, ajoelho-me diante do Pai, do qual recebe o nome toda a família nos céus e na terra. Oro para que, com as suas gloriosas riquezas, ele os fortaleça no íntimo do seu ser com poder, por meio do seu Espírito [...].

Efésios 3.14-16

Faça anotações sobre sua vida, suas finanças, seus relacionamentos e os desejos de seu coração. O que você quer que aconteça? Examine as promessas de Deus nas Escrituras e apodere-se delas. Permita que a esperança contagiante o envolva!

BILL & BENI JOHNSON

são os líderes seniores da *Bethel Church* em Redding, Califórnia, ensinando e preparando pessoas para viver um estilo de vida sobrenatural. Juntos, eles atendem em todo o mundo a um número crescente de igrejas apaixonadas pelo reavivamento e por ver o Reino de Deus estabelecido na Terra.